Alfreds Klavierschule für Kinder

Band 1

Die bewährte Methode für Kinder ab 5 – 6 Jahren
basierend auf einer der meistverkauften Klavierschulen weltweit!

Mit Hörbeispielen aller Übungen und Lieder auch als **DOWNLOADS!**

Willard A. Palmer • Morton Manus • Amanda Vick Lethco

Alfred

Hallo! Klasse, dass du Klavier spielen willst!

Ich bin Professor Doggi, der Piano-Hund! Zusammen mit meinen Freunden möchte ich dich auf deinem Weg zum KLAVIER-DIPLOM begleiten.

Das Klavier ist ein Instrument, das riesig Spaß macht. Diesen Spaß möchte ich dir mit dieser Klavierschule bereiten. Schon nach kurzer Zeit wirst du die ersten Lieder auf dem Klavier spielen können. Alles ist leicht verständlich erklärt, und auf der Begleit-CD kannst du dir immer anhören, wie die Musik klingen soll. Du hast keinen CD-Spieler? Kein Problem! Dann lade dir die einzelnen CD-Tracks von unserer Website runter: alfredmusic.de/downloads
Dein Password: 3943638308

Meine Freunde und ich nehmen dich mit auf eine Abenteuerreise durch die bunte Welt des Klavierspiels. Auf dieser Reise werde ich dich auf die wichtigen Dinge aufmerksam machen und dir helfen, die einzelnen Stationen deiner Reise zu erreichen. Am Ende jeder Etappe steht ein kleines Quiz, in dem du die einzelnen Reiseabschnitte noch einmal im Rückblick erleben kannst. Die Quizaufgaben wirst du leicht lösen können. Wenn nicht, findest du die Lösungsseiten online auf www.klavier-fuer-kinder.de.

Zum Abschluss deiner Abenteuerreise erwartet dich eine Urkunde, die dir bescheinigt, dass du diesen Pianokurs erfolgreich abgeschlossen hast.

Viel Spaß und Erfolg mit ALFREDS KLAVIERSCHULE FÜR KINDER wünschen dir

DOGGI und seine Freunde!

Hol dir auch das SPIELBUCH zu Alfreds Klavierschule für Kinder!

Im **Spielbuch** findest du noch weitere interessante Spielstücke zu Band 1 und Band 2 der Klavierschule für Kinder!

Das Spielbuch
ISBN: 978-3-943638-36-3

Band 1
ISBN: 978-3-943638-30-1

Band 2
ISBN: 978-3-943638-31-8

Band 3
ISBN: 978-3-943638-32-5

Impressum

Deutsche Übersetzungsausgabe:
Alfreds Klavierschule für Kinder Band 1
Übersetzt und für den deutschen Markt adaptiert von:
Michaela Paller
© 2018 by Alfred Music Publishing GmbH
Lützerathstraße 127 • 51107 Köln
All rights reserved.
Printed in Germany.
alfred.com | klavier-fuer-kinder.de

Best.-Nr.: 20199G
ISBN-10: 3-943638-30-8
ISBN-13: 978-3-943638-30-1

Amerikanische Originalausgabe:
Alfred's Basic All-in-One Course Universal Edition, Book 1 / Teile von **Book 2**
by Amanda Vick Lethco | Morton Manus | Willard A. Palmer
© 1994 by Alfred Music
Best.-Nr.: 14504 | ISBN 978-0-7390-1744-9 (Book 1)
Best.-Nr.: 14505 | ISBN 978-0-7390-1331-1 (Teile aus Book 2)
All rights reserved.
alfred.com

Illustrationen:
Jeff Shelly (S. 2, 5 re., 6 o.r., 7, u.l., 8, 10 l., 11 l.o./r.u., 16 o., 22, 36, 38 r., 39, 44, 49, 51 l., 55 o., 61 u., 66 o., 70, 71 r., 74 u., 76)
Dieter Bootz (S. 40)
Felix Küssel (S. 23)
Christine Finn (Coverillustration und alle übrigen Illustrationen im Inhalt)
Layout, Lektorat und Produktionsleitung: Thomas Petzold
Notensatz: Gina Ries und Thomas Petzold

Liebe Eltern,

SIE KÖNNEN WIRKLICH STOLZ SEIN!

Ihrem Kind Musikunterricht zu ermöglichen, zeugt sowohl von pädagogischer Weitsicht als auch von wahrer Wertschätzung für Kunst und Kultur.

Musik ist eine Sprache, die von allen Menschen – egal welcher Herkunft – verstanden wird. Sie ist eine der wesentlichen Ausdrucksformen, die uns zur Verfügung stehen. Musik verbessert u.a. die Koordination Ihres Kindes, erweitert seine Interessen, macht die Bedeutung von Selbstdisziplin erfahrbar und bereitet einfach nur Spaß und Vergnügen.

Die Eltern spielen dabei eine bedeutende Rolle. Im Idealfall begleiten und unterstützen sie den musikalischen Lernprozess. Eine der am häufigsten gestellten Fragen der Eltern ist in diesem Zusammenhang: „Wie lange soll mein Kind üben?" Zu einem späteren Zeitpunkt wird diese Frage zu einer klar umrissenen Übungsdauer wichtiger werden. Zum jetzigen Zeitpunkt ist sie nicht so bedeutsam, solange Ihr Kind die Aufgaben in dieser Klavierschule MEHRMALS wiederholt und mit Freude erledigt.

VIEL WICHTIGER IST DAS REGELMÄSSIGE ÜBEN. Versuchen Sie, das Klavierspiel zu einem festen Zeitpunkt in den Tagesablauf Ihres Kindes zu integrieren. Mit Ihrer Hilfe werden sich dann gute Übegewohnheiten einstellen. Der Klavierlehrer wird Ihnen dazu wertvolle Hinweise geben können. Sie als Eltern sollten den Lernprozess und die Lernschritte mit Interesse begleiten. Geduld, ernstgemeintes Lob und Begeisterung für neue Lernfortschritte sowie gelegentliches, gemeinschaftliches Musizieren werden den Lernprozess Ihres Kindes fördern.

Wir als Musikverlag freuen uns, Ihnen eine besondere KLAVIERSCHULE FÜR KINDER zur Verfügung stellen zu können, die auf einer der weltweit erfolgreichsten Klavierschulen basiert, die für den deutschsprachigen Markt von unserer fachkompetenten Übersetzerin Michaela Paller angepasst worden ist.

Wir wünschen Ihrem Kind und Ihnen viel Erfolg auf dem Weg in das neue Abenteuer, Klavier zu lernen. Es ist ein wirklich aufregender und bereichernder Weg!

ALFRED MUSIC

Liebe Klavierlehrer,

HERZLICH WILLKOMMEN ZU ALFREDS KLAVIERSCHULE FÜR KINDER!

Die vorliegende Klaviermethode basiert auf dem *All-In-One Course* der ALFRED BASIC PIANO LIBRARY, einer der meistverkauften Klavierschulen weltweit, die von unserer fachkompetenten Übersetzerin Michaela Paller den Anforderungen des deutschsprachigen Markts entsprechend adaptiert worden ist. Dieses dreibändige Werk enthält sowohl Übungsstücke, Spielmaterial und Vortragsstücke wie auch musiktheoretische Aspekte mit Aufgaben und Quizspielen, die sich logisch aus den Spielstücken ergeben. Den Kindern geläufige, populäre englischsprachige Songs wurden mit deutschen Texten versehen oder durch beliebte, deutschsprachige Kinderlieder ergänzt. Die beiliegende CD enthält alle Übungen und Spielstücke. Die *Lehrerbegleitstimmen* sowie die *Lösungsseiten* der Quizaufgaben sind online auf **www.klavier-fuer-kinder.de** abrufbar.

Der vorliegende **Band 1** ist wie folgt konzipiert:

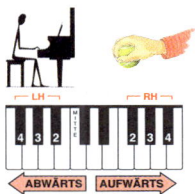

ALLGEMEINE EINFÜHRUNG IN DAS KLAVIERSPIEL   S. 5–7
Lerninhalte: Sitz- und Handhaltung, Fingerzahlen, Fingerspiele
Lernziele: Die richtige Haltung | sich mit dem Instrument vertraut machen

ORIENTIERUNG AUF DER TASTATUR UND FINGERKENNUNG   S. 8–25
Lerninhalte: Übungen und Melodien für LH und RH auf den *schwarzen Tasten*

Lernziele: Rhythmische Lesefähigkeit, Entwicklung von Fingerfertigkeiten, Dynamik

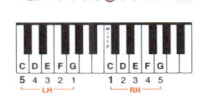

DAUMENLAGE C MITTELS BUCHSTABEN-NOTATION   S. 26–42
5-FINGERLAGE C MITTELS BUCHSTABEN-NOTATION   S. 43–47
Lerninhalte: Übungen und Melodien für LH und RH auf den *weißen Tasten*
$\frac{4}{4}$-Takt | *mf* | $\frac{3}{4}$-Takt | ♩.
Lernziele: Noten kennenlernen | Erweiterung der rhythmischen Lesefähigkeit | Weiterentwicklung der Fingerfertigkeiten | Dynamik

EINFÜHRUNG IN DAS NOTENSYSTEM   S. 48–57
Lerninhalte: Noten auf der Linie, Noten im Zwischenraum, Bass- und Violinschlüssel
Lernziele: Neue Noten | Förderung der Notenlesefähigkeit 𝄢 | 𝄞 | Weiterentwicklung der Fingerfertigkeiten

EINFÜHRUNG IN DAS KLAVIERSYSTEM   S. 58–73
Lerninhalte: Beidhändiges Spiel nach Noten, 5-Fingerlage C, Daumenlage C
Lernziele: Erweiterung der Notenlesefähigkeit | Legatobogen | Haltebogen

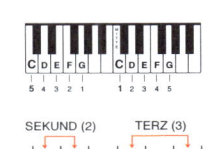

EINFÜHRUNG ERSTER INTERVALLE   S. 74–81
Lerninhalte: Melodische und harmonische Intervalle, mehrstimmiges Spiel
Lernziele: Sekunde (2) | Terz (3) | 𝄽

Eine Urkunde zum krönenden Abschluss sowie viele kind- und sachgerechte Illustrationen, klarer Notensatz und ein ansprechendes Layout werden Ihnen beim Durchblättern dieses Buchs positiv auffallen. Wir wünschen Ihnen viel Spaß und Erfolg beim Unterrichten mit ALFREDS KLAVIERSCHULE FÜR KINDER.

Inhalt

ALLGEMEINE EINFÜHRUNG IN DAS KLAVIERSPIEL	SEITE	CD	LEHRER-STIMME	Spielbuch
Der richtige Sitz – Sitze aufrecht!	5			
Die fünf Finger – Die Zahlen deiner Finger	6			
Die Töne am Klavier – Leise und laut	7			
Die richtige Handhaltung	7			
TASTATUR UND FINGERKENNUNG				
Die Tastatur – Weiße und schwarze Tasten	8			
Die schwarzen Tasten – Zwillinge und Drillinge	8			
Tiefe und hohe Klänge ABWÄRTS AUFWÄRTS	9			
Die Viertelnote ♩	10			
Rechts und links	10	1		1
Die halbe Note ♩	11			
Links und rechts	11	2		
Die ganze Note o	12			
Inline skaten	12	3	X	
Wir zeichnen Notenhälse und Taktstriche	14			
Zeit zum Zählen – Aufgaben	15			
Laut und leise – *f* | *p*	16			
Glockenläuten – ‖: :‖	17	4	X	2
Was klingt leise, was klingt laut? – Bilderrätsel	18			
Das Echo	19	5	X	
Meine Tastenfinger	20	6	X	
Heiß und kross	22	7		
Backe, backe Kuchen	23	8		3
Mein erstes Konzertstück: Old MacDonald	24	9	X	
DAUMENLAGE C: BUCHSTABEN-NOTATION				
Die weißen Tasten C, D, E	26			
C – D – E für die rechte Hand	27	10		4
Die weißen Tasten H, A	28			
C – H – A für die linke Hand	29	11		5
Der Weg zum Ziel – Kleine Schritte	30			
Mein Dino	30	12		
Fing mir eine Mücke heut	31	13		
Die weißen Tasten F, G	32			
Mit der rechten Hand	33	14		6
Mit der linken Hand	34	15		7
Ist ein Stein in Brunn' gefallen	35	16		
Die Taktangabe: Der 4/4-Takt	36			
Unser Hund	37	17	X	8
Im Zoo – mf	38	18		
Yankee Doodle	39	19		
Mein zweites Konzertstück: Auf der Mauer, auf der Lauer	40	20	X	
Hoppe, hoppe Reiter	42	21		9

5-FINGERLAGE C: BUCHSTABEN-NOTATION	SEITE	CD	LEHRER-STIMME	Spielbuch
Eine neue Lage: 5-Fingerlage C	43			10
Ich kann das schon	43	22		
Eine neue Taktart: Der 3/4-Takt und die punktierte halbe Note ♩.	44			
Auf hoher See	45	23	X	
Mein Teddybär	46	24	X	
Starke Kinder	47	25	X	11
DAS NOTENSYSTEM	48			
Wir schreiben in das Notensystem	49			
Der Bassschlüssel 𝄢	50			
Regenlied	51	26	X	12
A, a, a, der Winter, der ist da	52	27		
Kuckuck, Kuckuck ruft's aus dem Wald	53	28		
Der Violinschlüssel 𝄞	54			
Einmal rechts und einmal links	55	29	X	13
Mein Freund	56	30	X	
Der Mann im Mond	57	31	X	
DAS KLAVIERSYSTEM	58			
Wir schreiben im Klaviersystem	59			
Die 5-Fingerlage C im Klaviersystem	60			
C, D, E, F, G	60	32		
Wir schreiben die 5-Fingerlage C im Klaviersystem	61			
Spiegelbild	62	33	X	14
Musik-Rätsel	63			
Ode „An die Freude"	64	34	X	
Wir spielen Legato – Legatobogen	66			
Meine Wippe	66	35	X	15
Wir schreiben Legato – *Mit dem Fahrrad*	67	36		
Die Daumenlage C am Klavier	68			
Heut ist ein Fest bei den Fröschen am See	69	37		16
London ist 'ne schöne Stadt	70	38	X	
Der Haltebogen	71			
Der Scheich Abufeist	71	39		17
Kleines Quiz – Haltebogen und Legatobogen	72			
Spaß im Schnee	73	40		18
INTERVALLE				
Intervalle: Sekunde (2) und Terz (3)	74			
Mexikanischer Hut-Tanz	75	41	X	
Die Pause: Viertelpause 𝄽	76			
Meine Töne	76	42	X	19
Rock Song	78	43	X	20
Das große Abschluss-Quiz	79			
Abschlusskonzert: Heute hau'n wir in die Tasten	80	44	X	
CD-Übersicht	82			
Urkunde	83			

Der richtige Sitz

Die Sitzhaltung ist wichtig, um gut Klavier spielen zu können. Folge den Anleitungen auf dieser und den folgenden Seiten, damit du von Beginn an mit einer guten Sitz- und Handhaltung spielst. Achte auf die richtige Sitzhöhe und Entfernung zur Tastatur.

SITZE AUFRECHT!

Lehne dich leicht nach vorne.

Deine Oberarme hängen locker herunter.

Die Ellbogen sind etwas höher als die Tastatur.

Der Hocker steht gerade vor dem Klavier.

Deine Knie sind leicht unter der Tastatur.

Die Füße stehen flach auf dem Boden.
Der rechte Fuß kann etwas weiter vorne sein.

Wenn deine Füße den Boden noch nicht berühren, legst du am besten ein Buch oder einen Fußschemel darunter!

Die fünf Finger

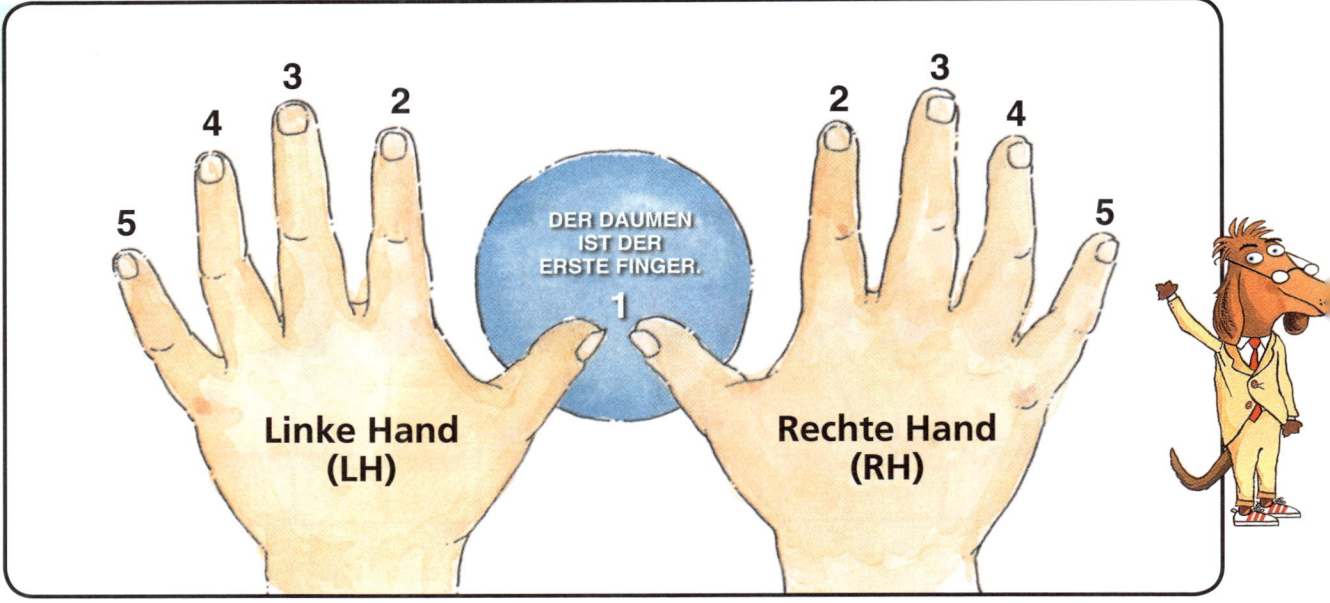

AUFGABE

1. Male die Umrisse deiner Hände auf die Innenseite des Buchumschlags. Schreibe die richtigen Fingerzahlen dazu.

2. Du hältst beide Hände locker vor dich, so wie du es rechts auf dem Bild siehst. Kannst du schon mit deinen Fingern wackeln?

- **Wackle mit beiden 1. Fingern.**
- **Wackle mit beiden 2. Fingern.**
- **Wackle mit beiden 3. Fingern.**
- **Wackle mit beiden 4. Fingern.**
- **Wackle mit beiden 5. Fingern.**

Und jetzt alle Finger durcheinander!

Ein Spiel, das du mit deinen Freunden, Geschwistern, Eltern oder deinem Lehrer spielen kannst: Ruft euch gegenseitig verschiedene Fingerzahlen zu und wackelt mit den Fingern.

Die Töne am Klavier

Wenn du eine Taste drückst, schlägt ein Hammer im Inneren des Klaviers eine Saite an. Ein Ton erklingt.

Drückst du die Taste SANFT, erklingt der Ton LEISE.

Je FESTER du die Taste drückst, desto LAUTER wird der Ton.

Die richtige Handhaltung

Nimm einen Tennisball in die Hand. Halte den Ball locker mit dem Handrücken nach oben und bewege deine Hand auf und ab und kreisend. Nun öffnest du deine Hand ein wenig. Der Ball fällt heraus.
Jetzt hast du eine schöne „Klavier-Haltung". Kannst du das auch mit der anderen Hand? Versuche es einmal. Wiederhole diese Übung in den nächsten Wochen immer wieder mit beiden Händen.

1. Schlage mit dem 3. Finger eine beliebige Taste SANFT an.
2. Wie oft kannst du diese Taste wiederholen und dabei den Ton immer ein bisschen LAUTER werden lassen, bis er richtig laut klingt?
3. Wiederhole diese Übung mit der anderen Hand und mit anderen Fingern.

Bevor du eine Taste spielst, überlege dir: Wie laut soll dein Ton klingen?

Hör dir von Anfang an gut zu: Wie klingt die Musik, die du machst?

Die Tastatur

Die Tastatur besteht aus weißen und schwarzen Tasten.

Die schwarzen Tasten treten abwechselnd in Zweier- und Dreiergruppen auf. Wir nennen sie *Zwillinge* und *Drillinge*.

ZWILLING
Wir schreiben: 2

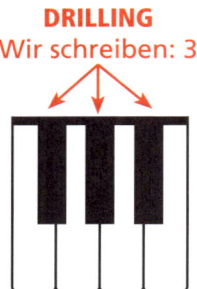

DRILLING
Wir schreiben: 3

AUFGABE 1

Kennzeichne die ZWILLINGE und DRILLINGE in der Tastatur unten mit den Zahlen **2** und **3**.

AUFGABE 2

LH

1. Schlage mit den Fingern **2** und **3** der linken Hand (**LH**) die Töne des schwarzen Zwillings in der Mitte **gleichzeitig** an. „Wandere" jetzt von der Tastaturmitte von einem zum anderen Zwilling ABWÄRTS.

2. Und noch einmal:
   Jetzt spielst du beide Töne **nacheinander**.
   SPIELE: LH   2   ⇨   3
   SPRICH: tie   –   fer

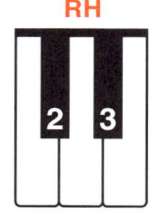

RH

3. **Mit rechts:** Schlage mit den Fingern **2** und **3** der rechten Hand (**RH**) die Töne des schwarzen Zwillings in der Mitte **gleichzeitig** an. „Wandere" von der Tastaturmitte von einem zum anderen Zwilling AUFWÄRTS.

4. Noch einmal:
   Jetzt spielst du beide Töne **nacheinander**.
   SPIELE: RH   2   ⇨   3
   SPRICH: hö   –   her

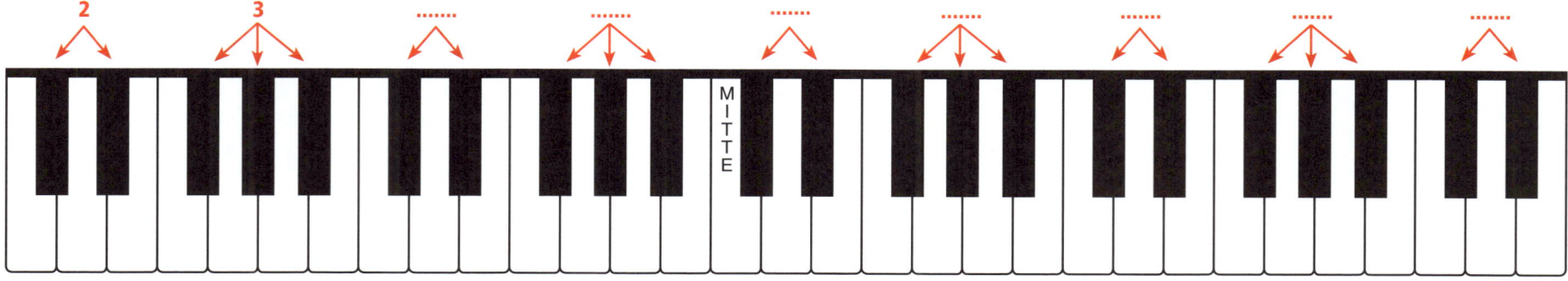

Auf www.klavier-fuer-kinder.de kannst du nachschauen, ob du die Aufgaben aus diesem Buch richtig gelöst hast.

Tiefe und hohe Klänge

Auf der Tastatur werden die Töne nach links *tiefer*, nach rechts *höher*.

TIEF ⬅ ABWÄRTS (tiefer) AUFWÄRTS (höher) ➡ HOCH

Spiele in einer MITTLEREN Lautstärke.

AUFGABE 3

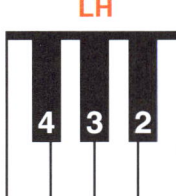
LH

1. Mit den Fingern **2**, **3** und **4** der **LH** kannst du bestimmt schon alle drei Töne des schwarzen Drillings in der Mitte der Tastatur **gleichzeitig** anschlagen. „Wandere" auch hier von der Mitte der Tastatur von einem zum anderen Drilling ABWÄRTS.
2. Jetzt spielst du alle drei Töne **nacheinander**.
   SPIELE: LH 2 ⇨ 3 ⇨ 4
   SPRICH: tie – fer Schritt

RH

3. **Jetzt mit rechts:** Mit den Fingern **2**, **3** und **4** der **RH** spielst du alle drei Töne des schwarzen Drillings in der Mitte **gleichzeitig**. „Wandere" dann von der Mitte der Tastatur von einem zum anderen Drilling AUFWÄRTS.
4. Noch einmal: Spiele alle drei Töne **nacheinander**.
   SPIELE: RH 2 ⇨ 3 ⇨ 4
   SPRICH: ho – her Schritt

Musik besteht aus **kurzen** und **langen Tönen**.
Wir messen die Länge der Töne, indem wir **zählen**.

Wenn wir bei jeder Note **EINMAL** klatschen, üben wir den **RHYTHMUS**.

Klatsche den Rhythmus und zähle laut „**eins**" dazu.

TAKTSTRICHE teilen Musik in gleich lange **TAKTE** ein.

Rechts und links

1. Spiele und sprich die Fingerzahlen laut mit.
2. Spiele und singe den Text dazu.

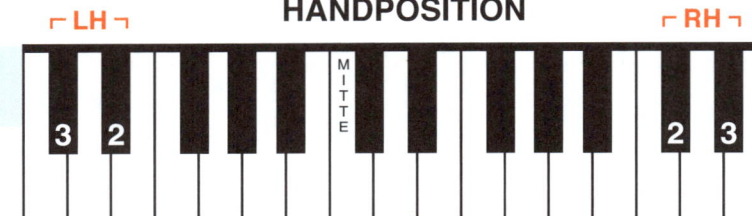

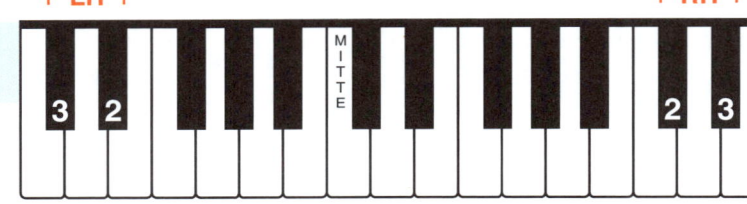

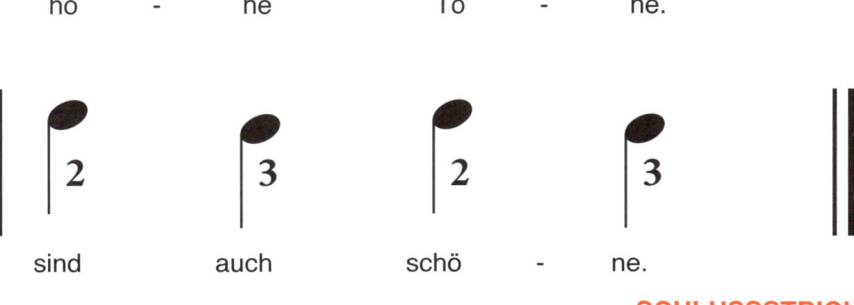

RH = Notenhälse zeigen nach **OBEN**
LH = Notenhälse zeigen nach **UNTEN**

SCHLUSSSTRICH
(Am Ende jedes Musikstücks
stehen zwei senkrechte Striche.)

Die halbe Note

𝅗𝅥 oder: 𝅗𝅥

Zähle: „eins–zwei"

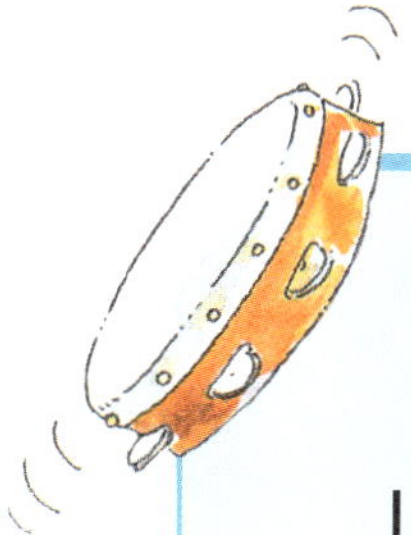

Klatsche jede Note EINMAL und zähle laut **„eins–zwei"** dazu.

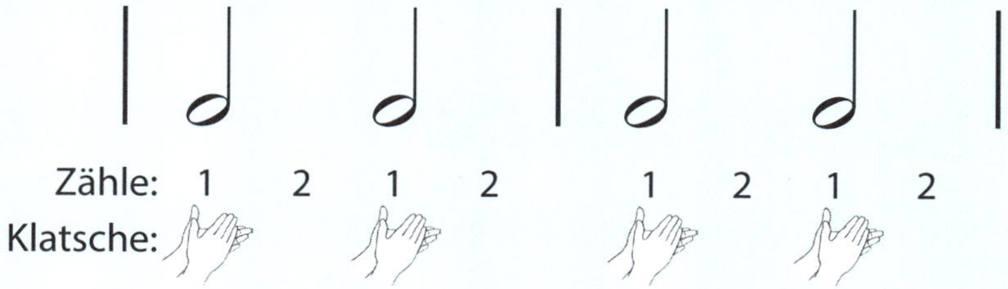

| 𝅗𝅥 | 𝅗𝅥 | 𝅗𝅥 | 𝅗𝅥 |

Zähle: 1 2 1 2 1 2 1 2
Klatsche:

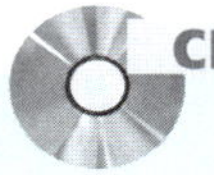

POSITION

LH — RH
4 3 2 MITTE 2 3 4

Links und rechts

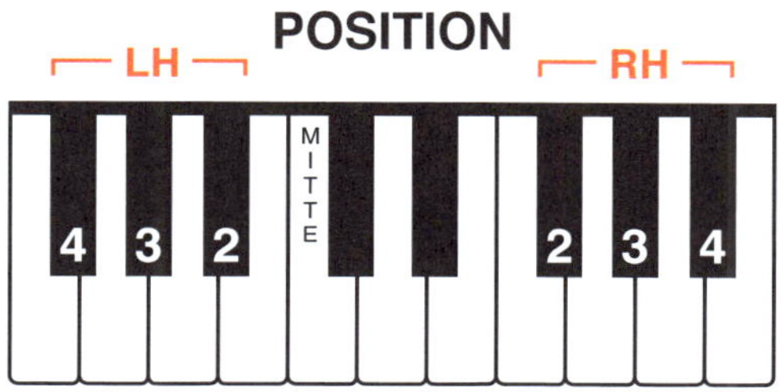

1. Zuerst klatschst und stampfst du den Rhythmus. Laut zählen nicht vergessen.
2. Kannst du spielen und dabei die Fingerzahlen laut mitsprechen?
3. Und jetzt wie ein Profi: Spielen und das Lied mitsingen!

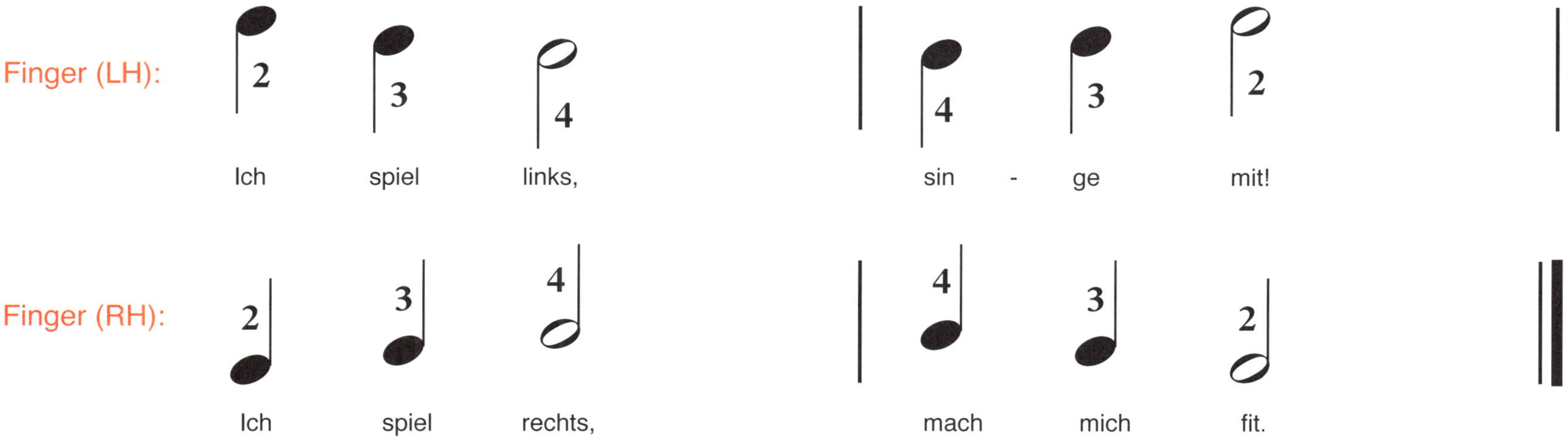

Finger (LH): 2 3 4 | 4 3 2 |
Ich spiel links, sin - ge mit!

Finger (RH): 2 3 4 | 4 3 2 |
Ich spiel rechts, mach mich fit.

Die ganze Note

o

Zähle: „eins–zwei–drei–vier"

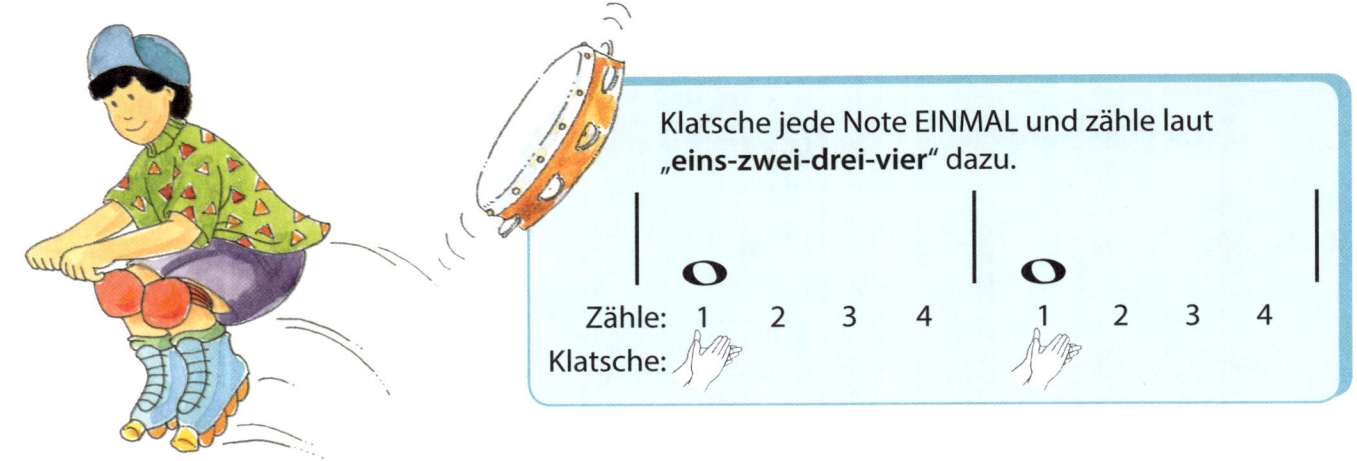

Klatsche jede Note EINMAL und zähle laut
„eins-zwei-drei-vier" dazu.

Zähle: 1   2   3   4   1   2   3   4
Klatsche:

Inline skaten

CD 03

Melodie aus: Goodnight Ladies (Traditional)
Deutscher Text: Michaela Paller

Übe zunächst jede Zeile einzeln.
1. Klatsche und zähle laut mit.
2. Spiele und zähle laut dazu.
3. Spiele und singe den Text.
4. Spiele dann das ganze Lied.

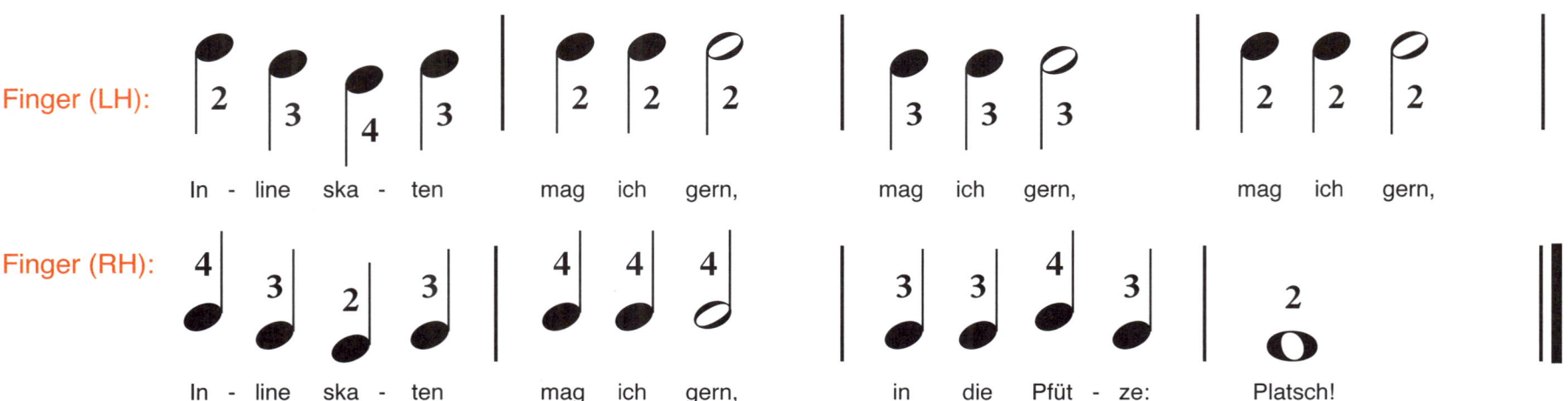

Spiele das Lied **Inline skaten** zusammen mit deinem Lehrer.

Damit es besser klingt, spielst du mit beiden Händen auf den Tasten rechts von der Tastaturmitte.

*Die Lehrerbegleitungen stehen als **MP3**-Version*
*auf **www.klavier-fuer-kinder.de***
zum Download zur Verfügung.

LEHRERBEGLEITUNG: Schüler spielt *rechts* vom mittleren C.

Wir zeichnen Notenhälse und Taktstriche

Notenhälse, die nach **oben** zeigen, stehen **RECHTS** vom Notenkopf!

Notenhälse, die nach **unten** zeigen, stehen **LINKS** vom Notenkopf!

1. Zeichne Notenhälse, die nach OBEN zeigen.

2. Zeichne Notenhälse, die nach UNTEN zeigen.

3. Zeichne einen TAKTSTRICH | , der jede der beiden oberen Notenzeilen in zwei gleich große Takte teilt (4 Noten pro Takt).

4. Am Ende jeder der beiden Notenzeilen ziehst du einen SCHLUSSSTRICH ‖ . Er besteht aus einer DÜNNEN und einer DICKEN Linie. Ein SCHLUSSSTRICH steht immer am ENDE eines Stücks.

Zeit zum Zählen

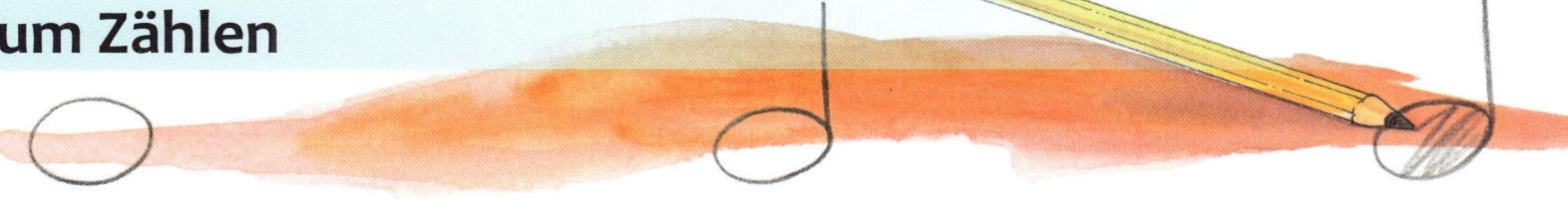

Zeichne ein Oval.
DAS IST EINE GANZE NOTE!

Male einen Notenhals dazu.
DAS IST EINE HALBE NOTE!

Male den Notenkopf schwarz aus.
DAS IST EINE VIERTELNOTE!

1. Zeichne eine VIERTELNOTE über jede „eins".

Eins,   eins,   eins,   eins,   eins,   eins,   eins,   eins.

Trage ein, wie viele Viertelnoten in eine Zeile gehören:
_____

2. Zähle „eins" für jede Viertelnote und klatsche EINMAL bei jeder Note.

3. Zeichne eine HALBE NOTE über jede „eins".

Eins - zwei,   eins - zwei,   eins - zwei,   eins - zwei.

Trage ein, wie viele halbe Noten in eine Zeile gehören:
_____

4. Zähle „eins–zwei" für jede halbe Note und klatsche EINMAL bei jeder Note.

5. Zeichne eine GANZE NOTE über jede „eins"

Eins - zwei - drei - vier,   eins - zwei - drei - vier.

Trage ein, wie viele ganze Noten in eine Zeile gehören:
_____

6. Zähle „eins–zwei–drei–vier" für jede ganze Note und klatsche EINMAL bei jeder Note.

Die Lösungen findest du auf www.klavier-fuer-kinder.de

ANMERKUNG: Alle rhythmischen Übungen in dieser Ausgabe beruhen auf der Grundlage von Vierteltakten.

Laut und leise

> **Dynamikzeichen ...**
>
> ... verraten, ob du laut oder leise spielen sollst.
>
> f (FORTE) = *LAUT*
>
> p (PIANO) = *LEISE*

f (FORTE) = *LAUT* p (PIANO) = *LEISE*

Kleine Schritte führen zum Ziel

Deine Klavierstücke werden jetzt schon länger und schwieriger.
Immer wenn du ein neues Lied lernen willst, wie z. B. beim „Glockenläuten", beginne mit diesen Schritten:

1. Schau dir die Noten gut an:
   Wo spielt die linke und wo die rechte Hand?
2. Klatsche und zähle laut mit.
3. Spiele und zähle laut dazu.
4. Spiele und singe das Lied.

Glockenläuten

Folge den einzelnen Schritten von Seite 16, mit denen du ein neues Lied lernst.

Wo spielst du leise und wo laut?

1. Glo - cken klin - gen hell und klar, ding, dong, ding, dong!
2. Am Kla - vier klingt das sehr gut,

WIEDERHOLUNGSZEICHEN:
Spiele noch einmal von vorne.

1. Oh, wie ist das wun - der - bar, ding, dong, ding!
2. Und das macht mir sehr viel Mut,

LEHRERBEGLEITUNG:

Was klingt leise, was klingt laut?

Es gibt leise (*p*) und laute (*f*) Geräusche. Welches Zeichen passt am besten zu jedem Bild?

p (PIANO) = LEISE   oder   *f* (FORTE) = LAUT

Auf www.klavier-fuer-kinder.de kannst du nachschauen, ob du die Aufgaben aus diesem Buch richtig gelöst hast.

Trage das richtige Dynamikzeichen in jedes Bild auf der Linie ein!

Das Echo

 CD 05

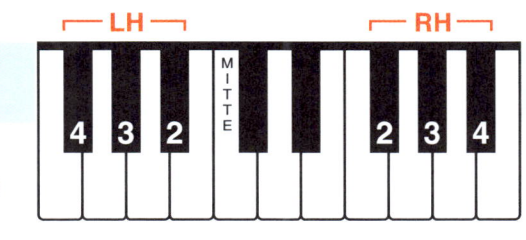

Man muss schon laut rufen, um ein Echo in den Bergen hören zu können. Lies den Liedtext und trage in die Kästchen *f* oder *p* ein.

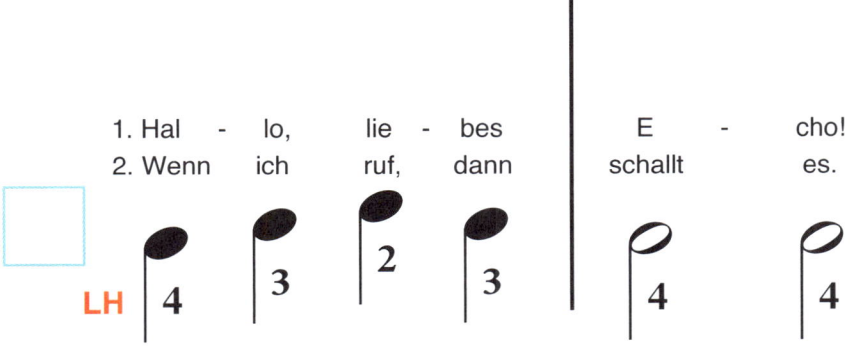

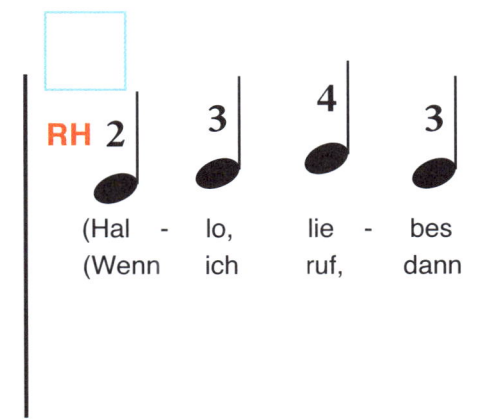

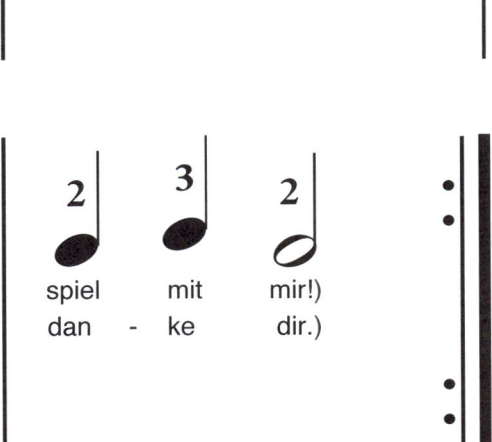

LEHRERBEGLEITUNG: Schüler spielt *rechts* vom mittleren C.

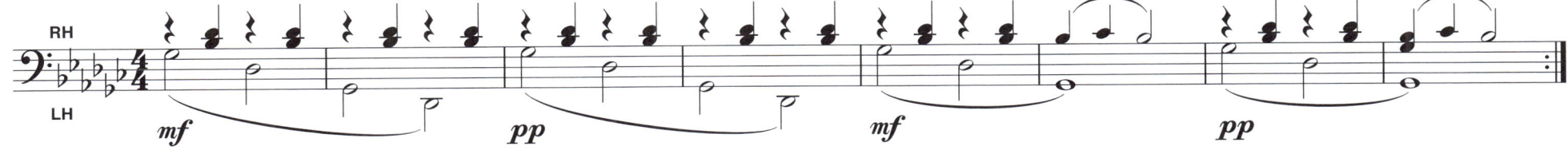

Meine Tastenfinger

CD 06

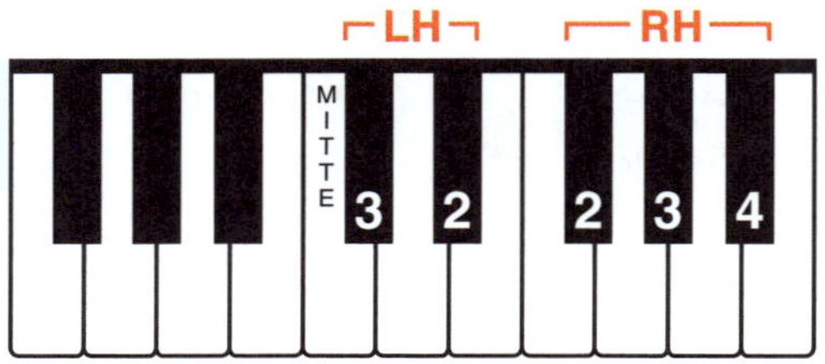
LH
RH
MITTE
3 2
2 3 4

Melodie: Jolly Old Saint Nicholas (Traditional)
Deutscher Text: Michaela Paller

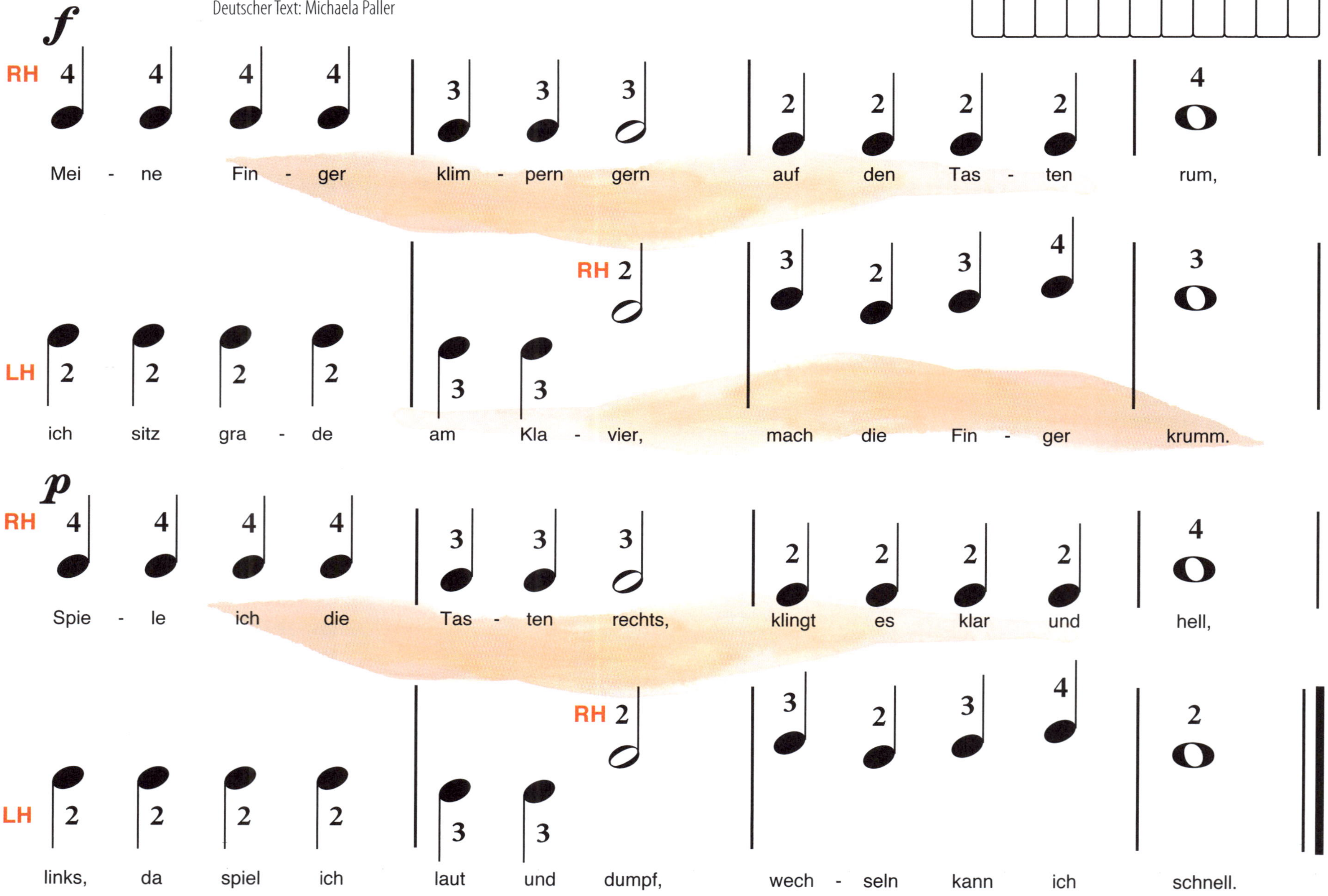
f
RH
Mei - ne Fin - ger klim - pern gern auf den Tas - ten rum,
RH
LH
ich sitz gra - de am Kla - vier, mach die Fin - ger krumm.
p
RH
Spie - le ich die Tas - ten rechts, klingt es klar und hell,
RH
LH
links, da spiel ich laut und dumpf, wech - seln kann ich schnell.

Diese Melodie gehört eigentlich zu „Jolly Old Saint Nicholas", einem amerikanischen Weihnachtslied.
Wenn du also nach einem Lied für Weihnachten suchst, kannst du folgenden Text dazu singen:

Lieber alter Nikolaus

Lieber, alter Nikolaus, sei doch mal ganz Ohr!
Doch verrate bitte nicht, mich, den armen Thor!
Heilig Abend kommt schon bald, lieber Weihnachtsmann,
flüster leis', was bringst du mir, wenn nicht du, wer dann?

Melodie: Jolly Old Saint Nicholas (Traditional)
Deutscher Text: Tom Pold

Jolly Old Saint Nicholas

Jolly Old Saint Nicholas, lean your ear this way!
Don't you tell a single soul what I'm going to say;
Christmas Eve is coming soon, now, you dear old man,
Whisper what you'll bring to me, tell me if you can.

Melodie und Text:
Jolly Old Saint Nicholas (Traditional)

LEHRERBEGLEITUNG: Schüler spielt *rechts* vom mittleren C.

Heiß und kross

 CD 07

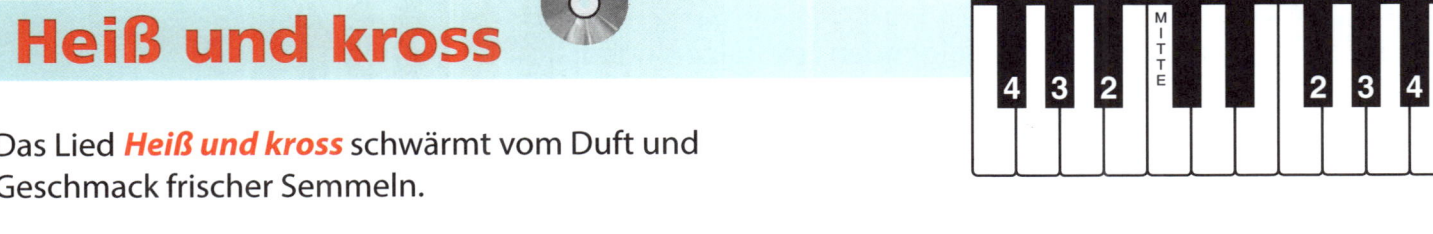

Melodie: Hot Cross Buns (Traditional)
Deutscher Text: Tom Pold

Das Lied **Heiß und kross** schwärmt vom Duft und Geschmack frischer Semmeln.

Backe, backe Kuchen

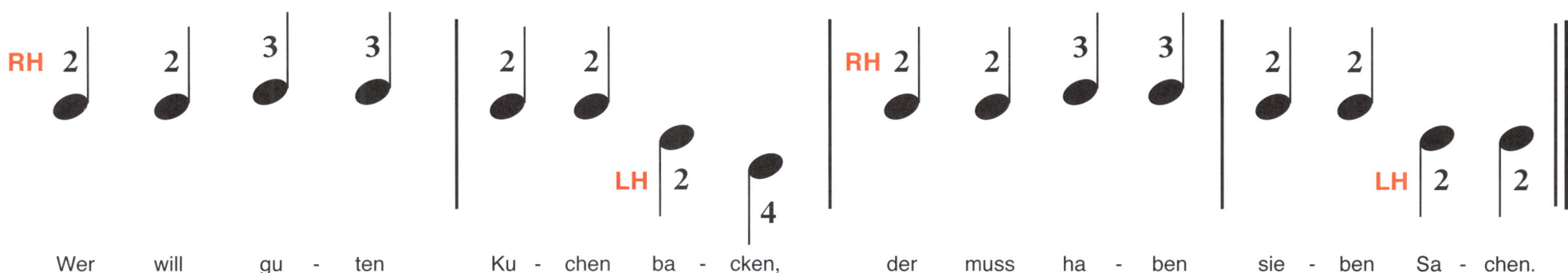

Mein erstes Konzertstück
Old MacDonald

CD 09

Melodie: Traditional

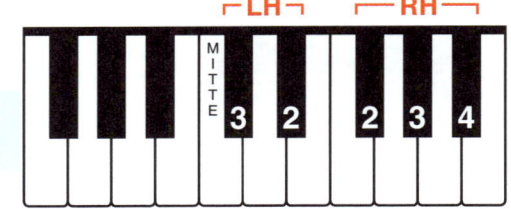

Das ist ein tolles erstes Konzertstück! Du spielst am Klavier, singst gleichzeitig dazu und erfindest immer neue Strophen mit anderen Tieren. Dein Lehrer spielt die Begleitung. Weitere Mitspieler können auf Körperinstrumenten (man sagt auch „Bodypercussion") mittrommeln, mitklatschen und natürlich ebenfalls mitsingen.

HIER IST SCHLUSS, nachdem du die nächste Seite gespielt hast!

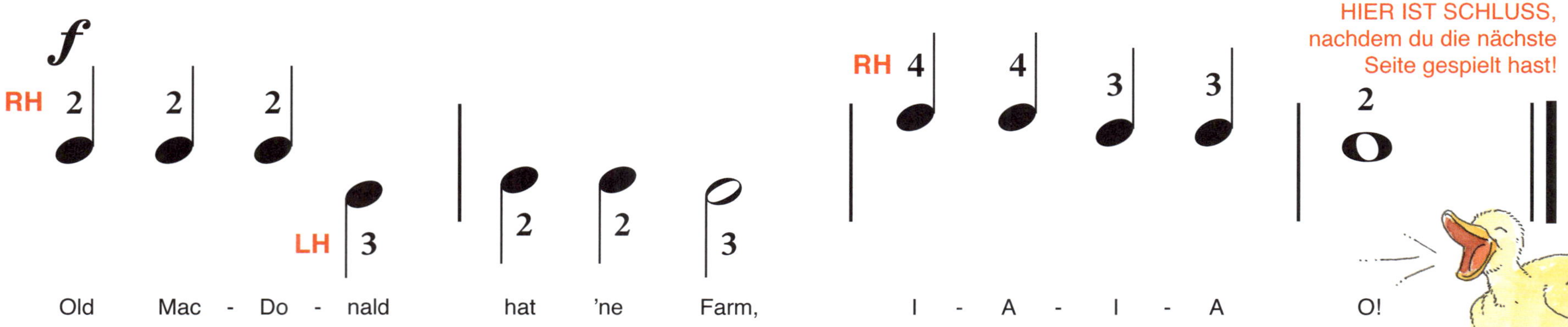

Old Mac-Do-nald hat 'ne Farm, I - A - I - A - O!

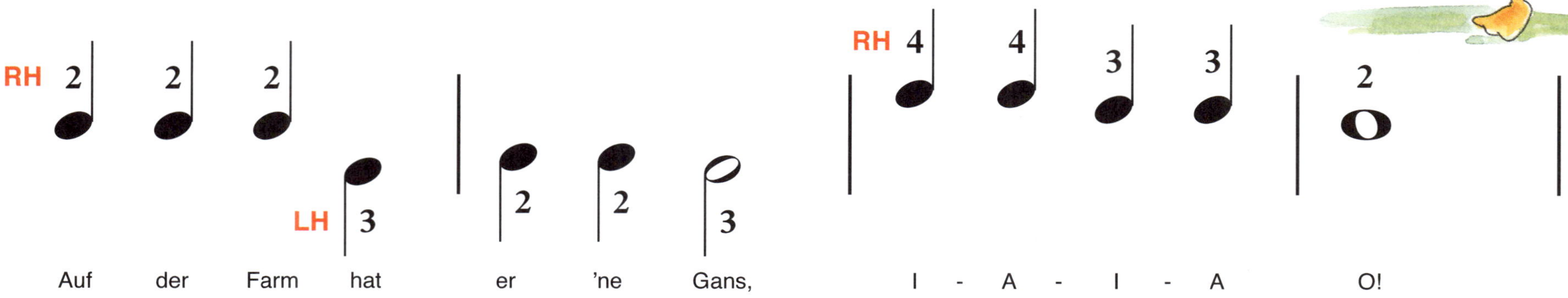

Auf der Farm hat er 'ne Gans, I - A - I - A - O!

LEHRERBEGLEITUNG:

Auf der nächsten Seite keine Lehrerbegleitung (4 Takte Pause). Anschließend wird die Zeile noch einmal mit dem Schlusstakt von Klammer 2 gespielt.

Klangeffekte

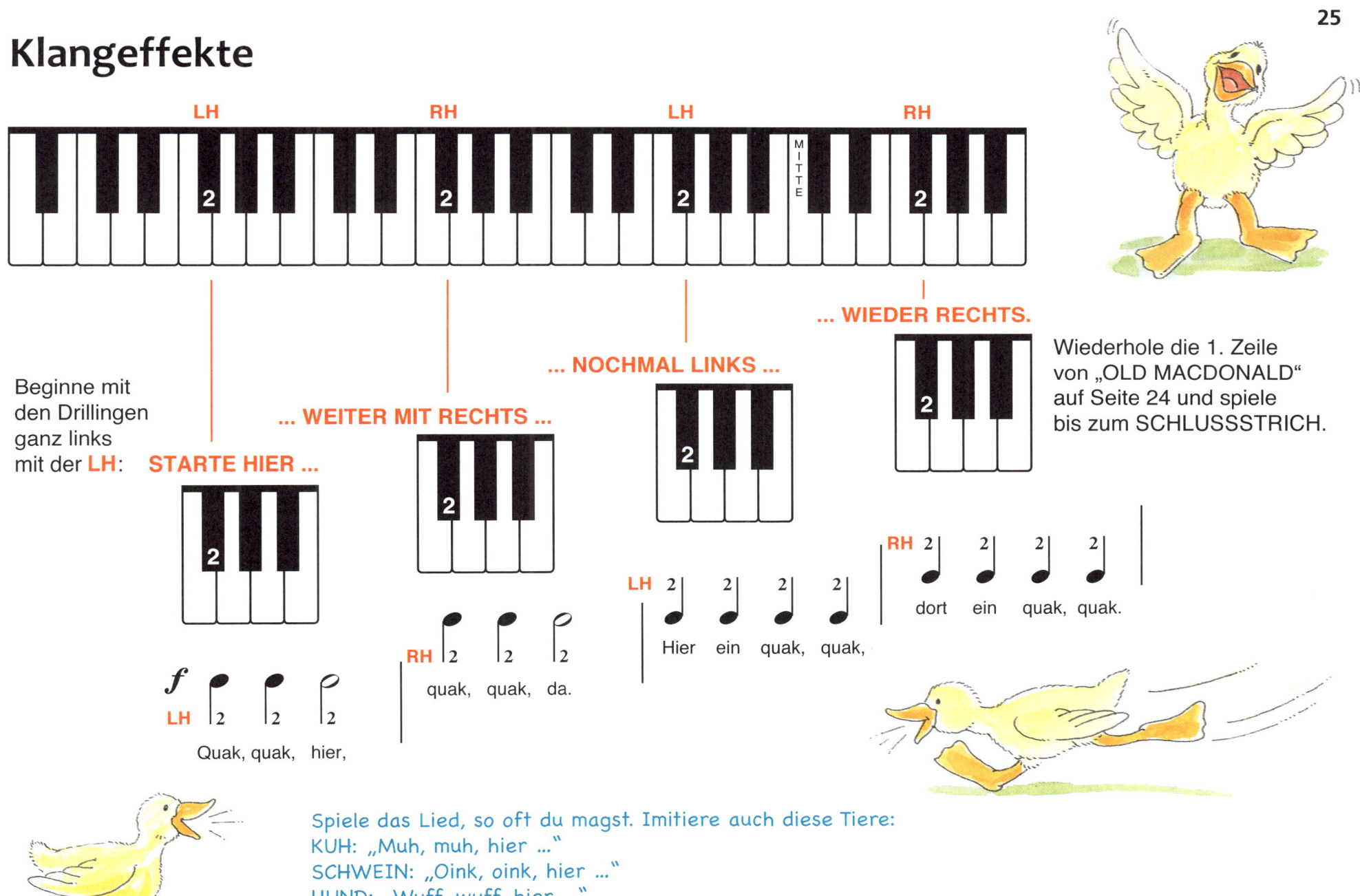

Die weißen Tasten C, D, E

Die weißen Klaviertasten werden mit Buchstaben benannt.
Mit Hilfe der schwarzen Zwillinge und Drillinge kannst du leicht herausfinden, wo welche weiße Taste liegt.

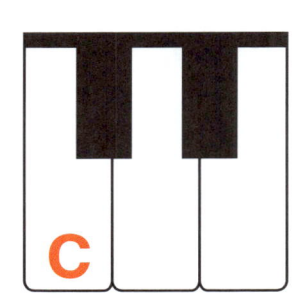

C ist die weiße Taste LINKS neben den schwarzen Zwillingen.

Suche und spiele alle C-Töne auf deinem Klavier. Wie viele findest du? Trage jedes C als Buchstabe hier in die Tastatur ein!

D ist die weiße Taste genau ZWISCHEN den schwarzen Zwillingen.

Suche und spiele alle D-Töne auf deinem Klavier. Wie viele findest du? Trage jedes D als Buchstabe hier in die Tastatur ein!

E ist die weiße Taste RECHTS neben den schwarzen Zwillingen.

Suche und spiele alle E-Töne auf deinem Klavier. Wie viele findest du? Trage jedes E als Buchstabe hier in die Tastatur ein!

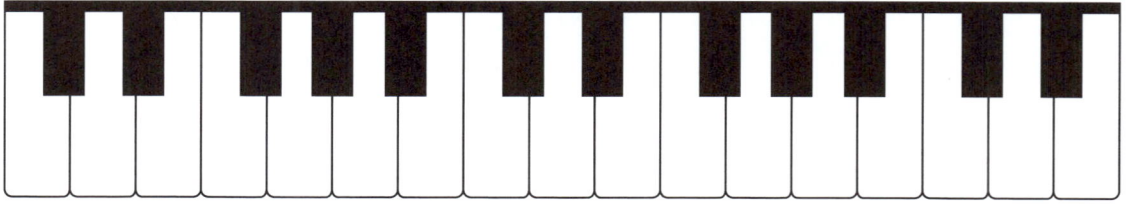

C – D – E für die rechte Hand

 CD 10

Spiele auch: **SPIELBUCH** Spielstück 04

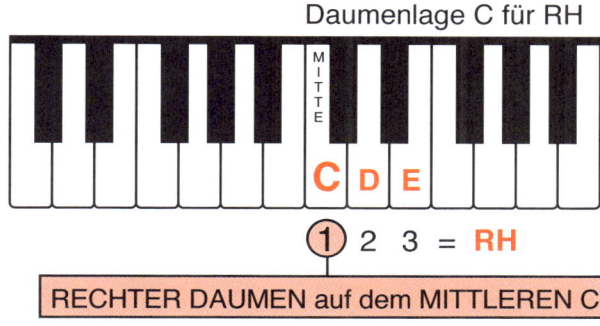

Daumenlage C für RH

C D E
① 2 3 = **RH**

RECHTER DAUMEN auf dem MITTLEREN C

Das C in der Mitte der Tastatur (oft unterhalb des Namens des Klavierherstellers) nennen wir „**Mittleres C**".

RH 1 2 3 | 1 2 3 |
C, D, E   spiel ich gern

RH 2 2 2 2 | 1
D D D D   C
mit der rech - ten Hand.

RH 1 2 3 3 | 1 2 3 3 | 2 2 2 2 | 1
C D E E   C D E E   D D D D   C
Hör die Tö - ne, sing die Na - men, schon sind sie be - kannt.

Die weißen Tasten H, A

Die beiden Tasten links neben dem C heißen H und A.
Auch sie findest du mit Hilfe der schwarzen Zwillinge und Drillinge.

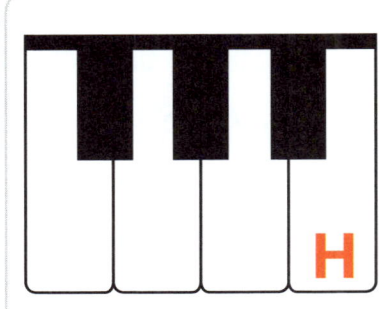

H ist die weiße Taste RECHTS neben den schwarzen Drillingen.

Suche und spiele alle H-Töne auf deinem Klavier. Wie viele findest du?
Trage jedes H als Buchstabe hier in die Tastatur ein!

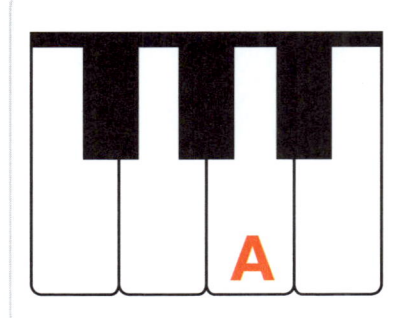

A ist ZWISCHEN der 2. und 3. Taste der schwarzen Drillinge.

Suche und spiele alle A-Töne auf deinem Klavier. Wie viele findest du?
Trage jedes A als Buchstabe hier in die Tastatur ein!

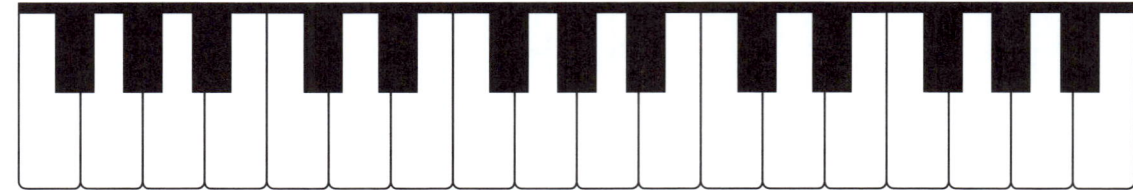

C – H – A für die linke Hand

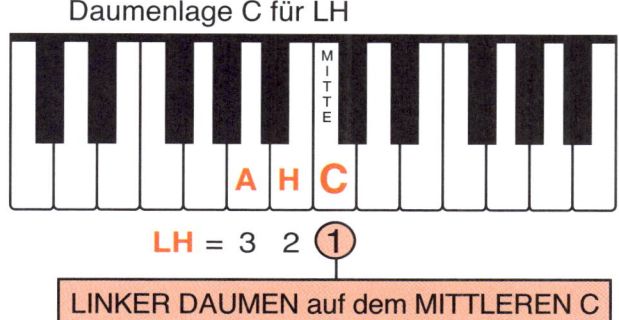

Daumenlage C für LH

LH = 3 2 ①

LINKER DAUMEN auf dem MITTLEREN C

 CD 11

Spiele auch: SPIELBUCH Spielstück 05

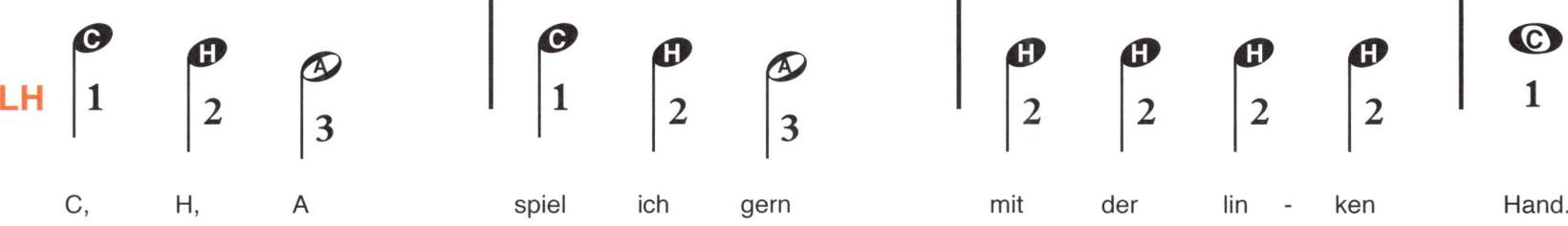

LH | C 1 | H 2 | A 3 | C 1 | H 2 | A 3 | H 2 | H 2 | H 2 | H 2 | C 1 |

C, H, A spiel ich gern mit der lin - ken Hand.

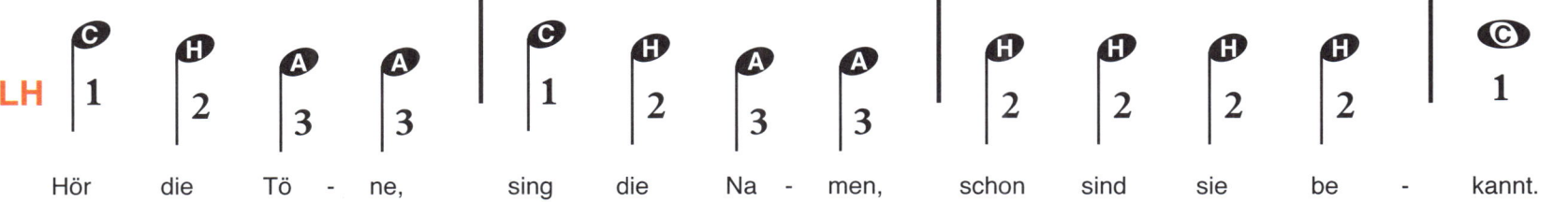

LH | C 1 | H 2 | A 3 | A 3 | C 1 | H 2 | A 3 | A 3 | H 2 | H 2 | H 2 | H 2 | C 1 |

Hör die Tö - ne, sing die Na - men, schon sind sie be - kannt.

Der Weg zum Ziel

Erinnerst du dich an die kleinen Schritte, mit denen du ein neues Stück gut lernen kannst? Jetzt kommen noch zwei Schritte hinzu:

1. Schau dir die Noten gut an: Wo spielt die linke und wo die rechte Hand?
2. Klatsche und zähle laut mit.
3. Wird das Stück piano oder forte gespielt und was bedeutet das?
4. Spiele und zähle laut dazu.
5. Spiele und singe die Notennamen mit.
6. Spiele und singe das Lied.

CD 12

Mein Dino

Geheimnisvoll

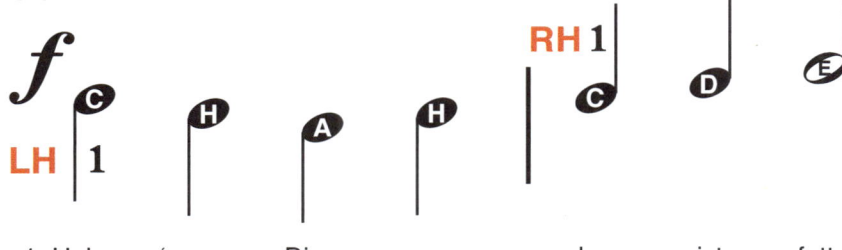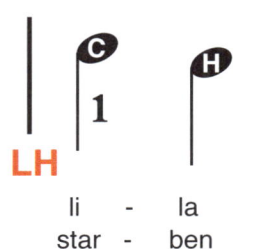

1. Hab 'nen Di - no, der ist fett, li - la ist er auch.
2. Di - nos le - ben nicht mehr hier, star - ben lang schon aus.

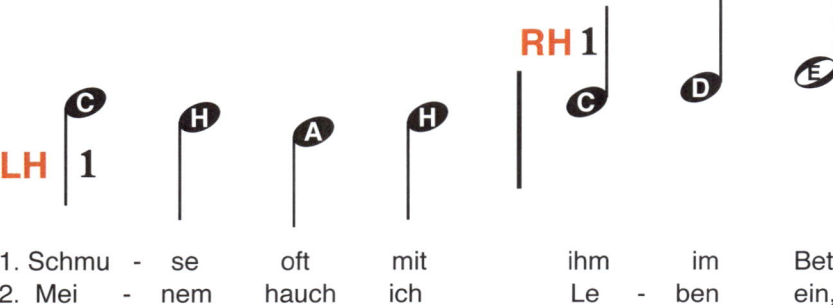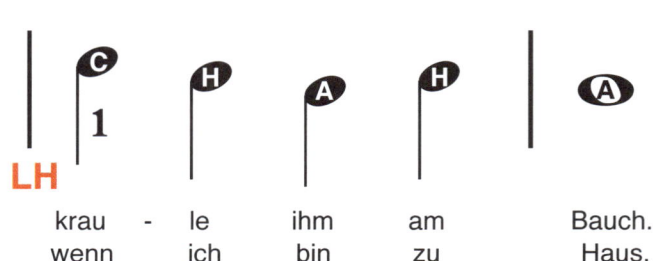

1. Schmu - se oft mit ihm im Bett, krau - le ihm am Bauch.
2. Mei - nem hauch ich Le - ben ein, wenn ich bin zu Haus.

VORSCHLAG: Spiele das Lied auch einmal von einem anderen C aus. Wie gefällt es dir besser? Wenn du ein tieferes oder ein höheres C verwendest? Probiere verschiedene Lagen aus.

Fing mir eine Mücke heut

Melodie und Text: überliefert

Daumenlage C mit beiden Händen

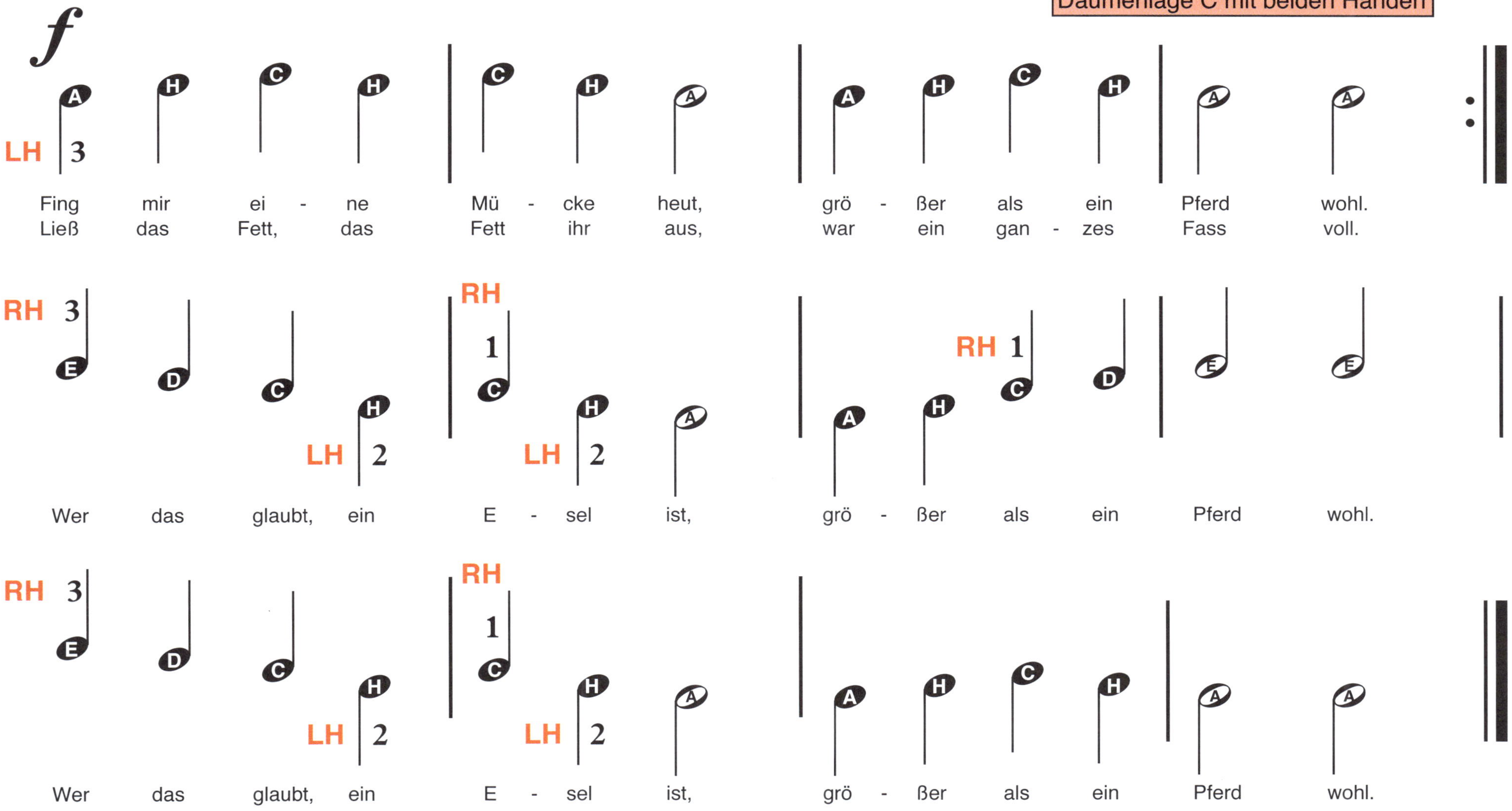

Und hier noch ein Spaßlied, dessen Melodie du bestimmt schon mal gehört hast ...

f

LH 3: A H C H C H A | A H C H A A :||

Fing mir ei - ne Mü - cke heut, grö - ßer als ein Pferd wohl.
Ließ das Fett, das Fett ihr aus, war ein gan - zes Fass voll.

RH 3: E D C   RH 1: C H A   RH 1: C D E E

LH 2: H   LH 2: H A

Wer das glaubt, ein E - sel ist, grö - ßer als ein Pferd wohl.

RH 3: E D C   RH 1: C H A   A H C H A A

LH 2: H   LH 2: H A

Wer das glaubt, ein E - sel ist, grö - ßer als ein Pferd wohl.

Die weißen Tasten F, G

Mit Hilfe der schwarzen Zwillinge und Drillinge kannst du noch zwei weitere neue Töne finden. Sie heißen F und G.

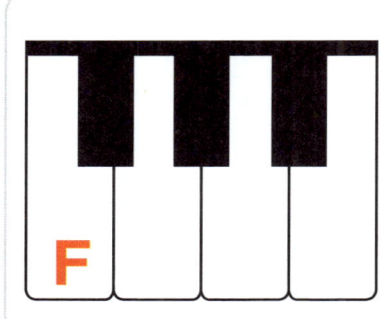

F ist LINKS neben den schwarzen Drillingen.

Suche und spiele alle F-Töne auf deinem Klavier. Wie viele findest du? Trage jedes F als Buchstabe hier in die Tastatur ein!

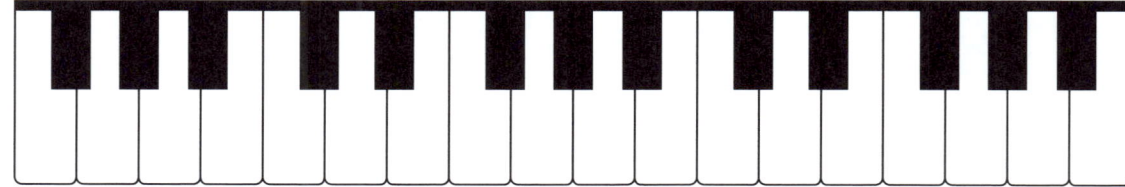

G ist ZWISCHEN der 1. und 2. Taste der schwarzen Drillinge.

Suche und spiele alle G-Töne auf deinem Klavier. Wie viele findest du? Trage jedes G als Buchstabe hier in die Tastatur ein!

Mit der rechten Hand

CD 14

Gratulation! Jetzt kennst du alle weißen Tasten mit Namen!

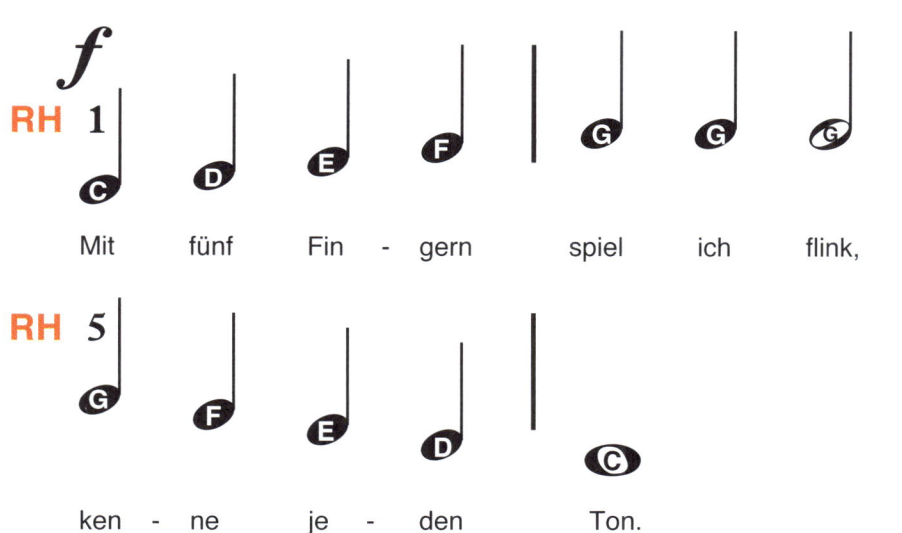

f

RH 1 — C D E F G G G
Mit fünf Fin - gern spiel ich flink,

RH 5 — G F E D C
ken - ne je - den Ton.

RH 1 — C D E F G G G F F E D C
C, D, E, F und das G, ich kenn die Na - men schon.

Spiele auch: **SPIELBUCH** Spielstück 06

Schreibe nun alle Notennamen der rechten Hand in die Tastatur:
Alle C-Töne in rot,
alle D-Töne in blau,
alle E-Töne in orange,
alle F-Töne in braun und
alle G-Töne in grün.

Mit der linken Hand

Auch mit der linken Hand kannst du mit allen 5 Fingern spielen. Wenn dein linker Daumen auf C liegt heißen die Töne C – H – A – G – F.

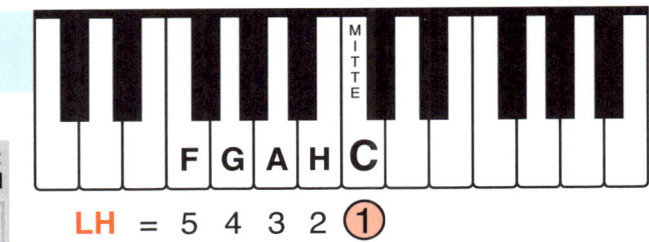

Spiele auch: **SPIELBUCH** Spielstück 07

 CD 15

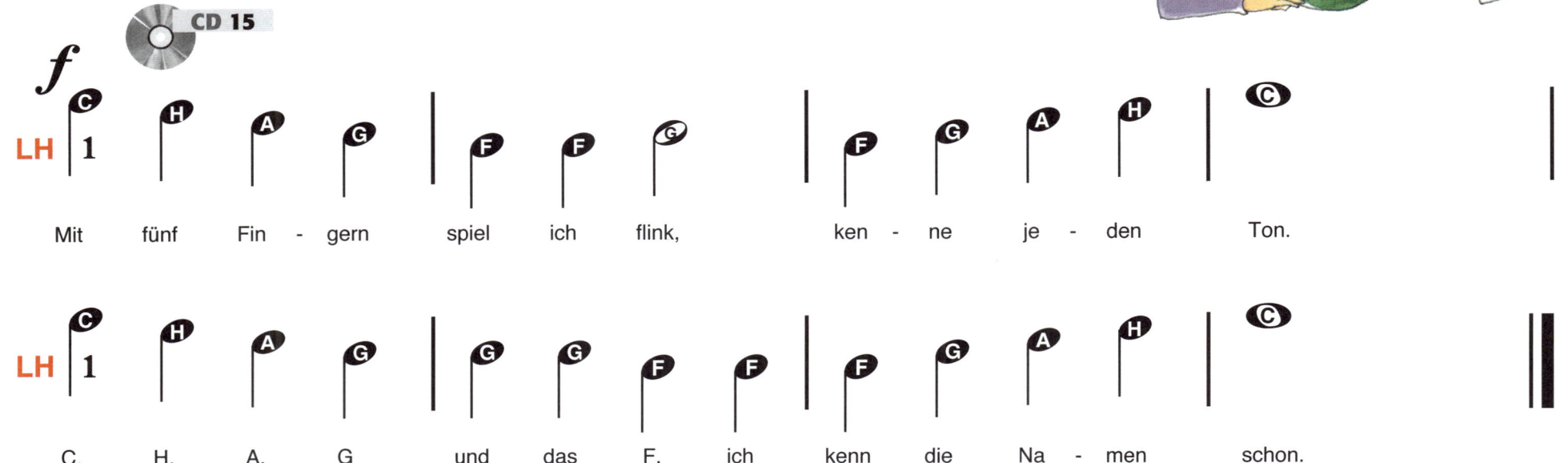

Mit fünf Fin - gern spiel ich flink, ken - ne je - den Ton.

C, H, A, G und das F, ich kenn die Na - men schon.

Schreibe nun alle Notennamen der linken Hand in die Tastatur:
Alle C-Töne in rot, alle H-Töne in lila, alle A-Töne in pink, alle G-Töne in grün und alle F-Töne in braun.

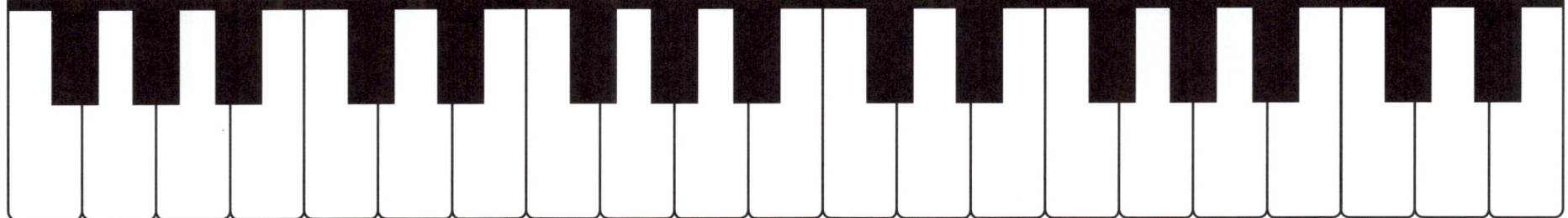

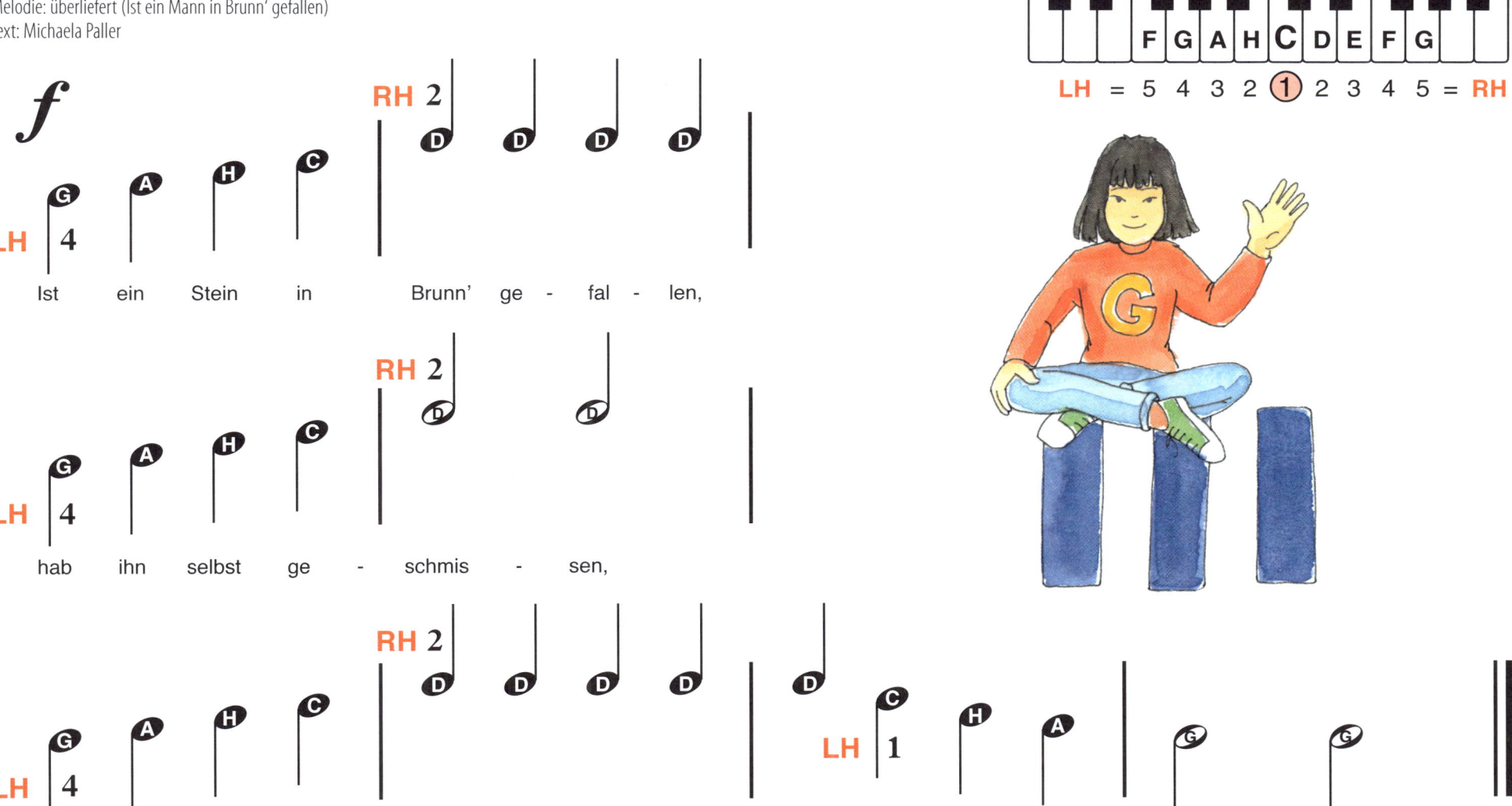

Die Taktangabe

Am Anfang eines Stücks steht die TAKTANGABE.
Die OBERE ZAHL gibt an, wie viele Schläge sich in einem Takt befinden.
Die UNTERE ZAHL gibt an, welcher Notenwert EIN Schlag ist.

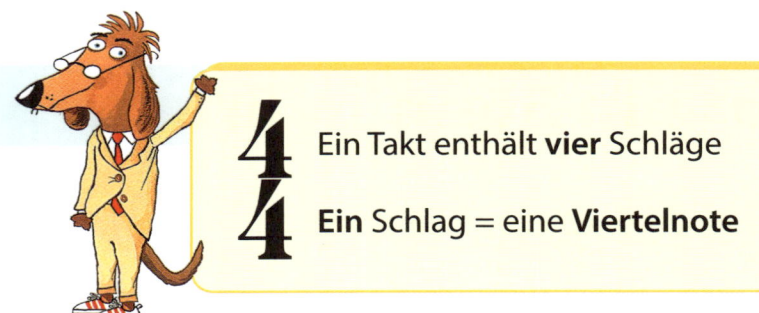

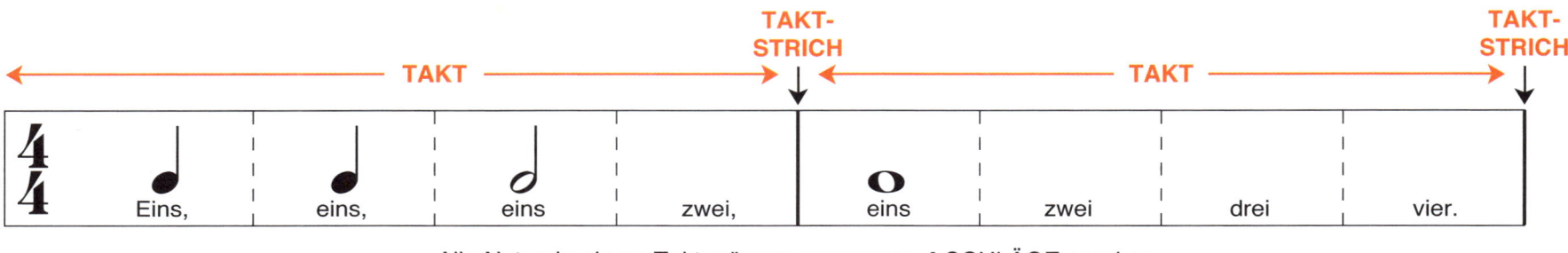

Alle Noten in einem Takt müssen zusammen **4** SCHLÄGE ergeben.

1. Wie viele **VIERTELNOTEN** passen in einen $\frac{4}{4}$-Takt? _____

   Zeichne in diese Takte **VIERTELNOTEN** mit Notenhälsen nach OBEN.

2. Wie viele **HALBE NOTEN** passen in einen $\frac{4}{4}$-Takt? _____

   Zeichne in diese Takte **HALBE NOTEN** mit Notenhälsen nach UNTEN.

3. Wie viele **GANZE NOTEN** passen in einen $\frac{4}{4}$-Takt? _____

   Zeichne in diese Takte **GANZE NOTEN**.

Unser Hund

 CD 17

 Spiele auch: **SPIELBUCH** Spielstück **08**

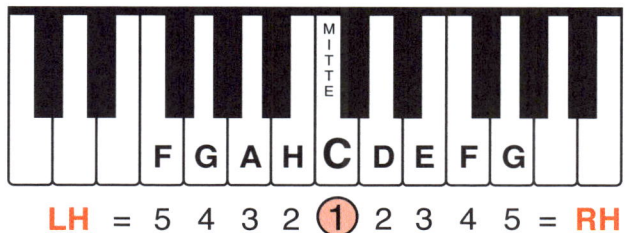

LH = 5 4 3 2 ① 2 3 4 5 = RH

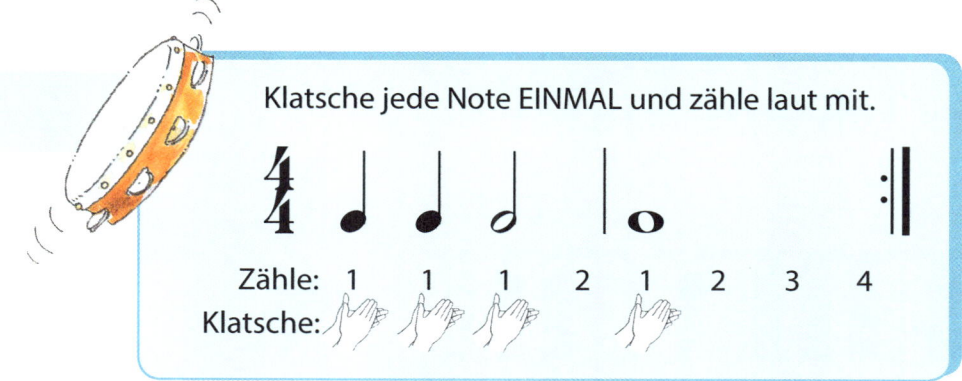

Klatsche jede Note EINMAL und zähle laut mit.

Zähle: 1 1 1 2 1 2 3 4
Klatsche:

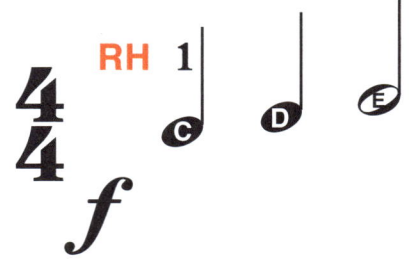

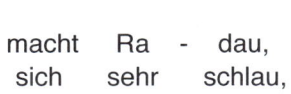

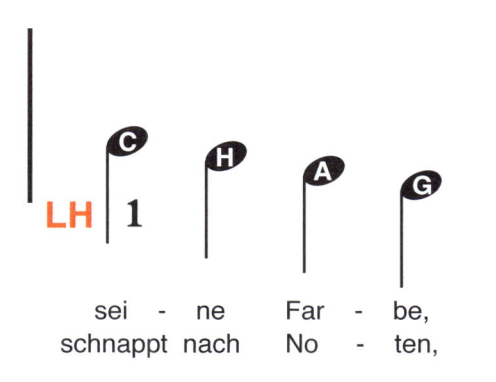

1. Un - ser Hund   macht Ra - dau,   sei - ne Far - be,   die ist grau.
2. Und er fühlt   sich sehr schlau,   schnappt nach No - ten,   bellt wau, wau.

LEHRERBEGLEITUNG: Schüler spielt *1 Oktave* höher.

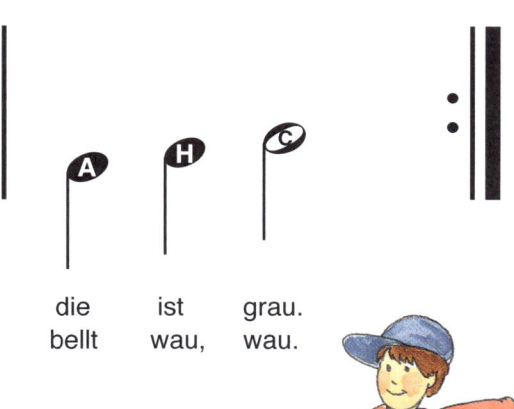

AUFGABE
Fahre die Taktangabe 4/4 mit verschiedenen Farben nach.

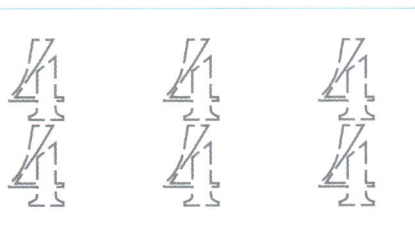

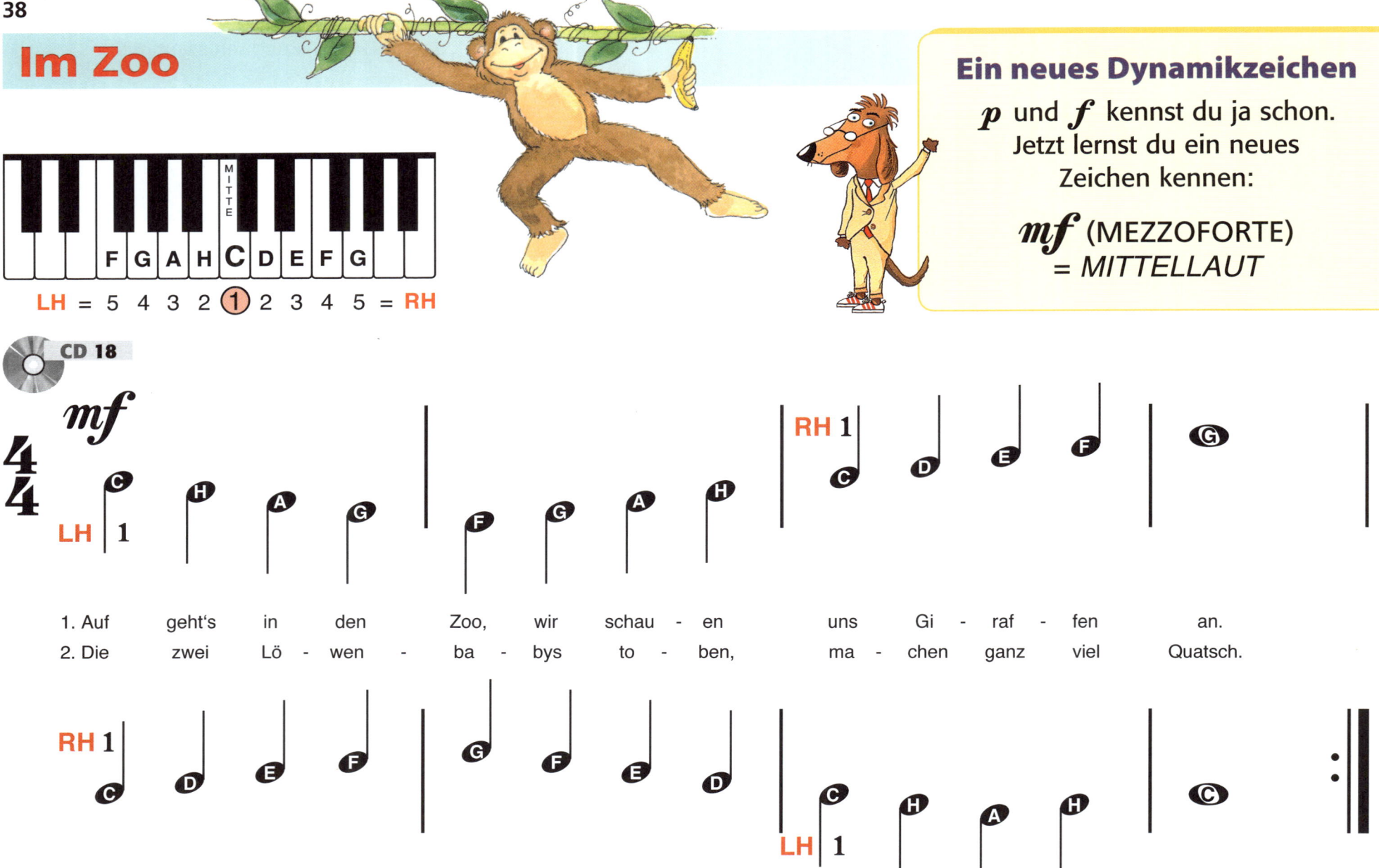

Yankee Doodle

Melodie: Traditional
Deutscher Text: Tom Pold

MITTE
F G A H C D E F G
LH = 5 4 3 2 1 2 3 4 5 = RH

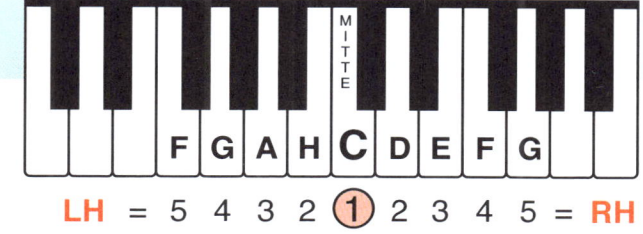

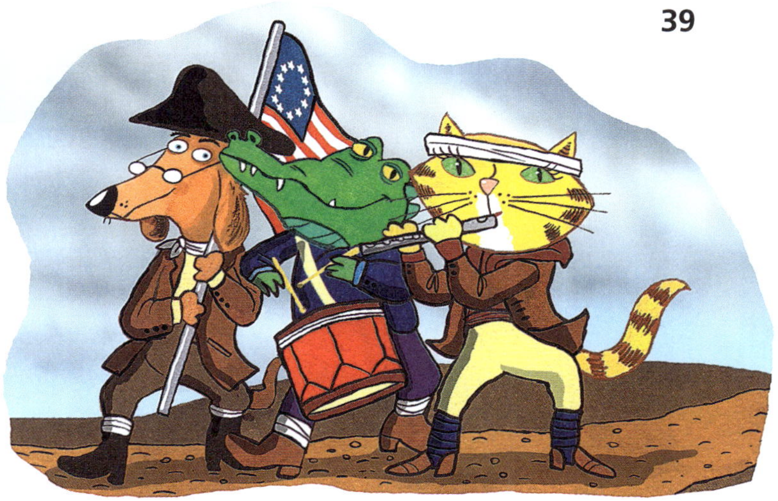

Dieses bekannte amerikanische Lied war ursprünglich ein Spottlied auf die „Yankees", die Soldaten aus den Nordstaaten der USA.

CD 19

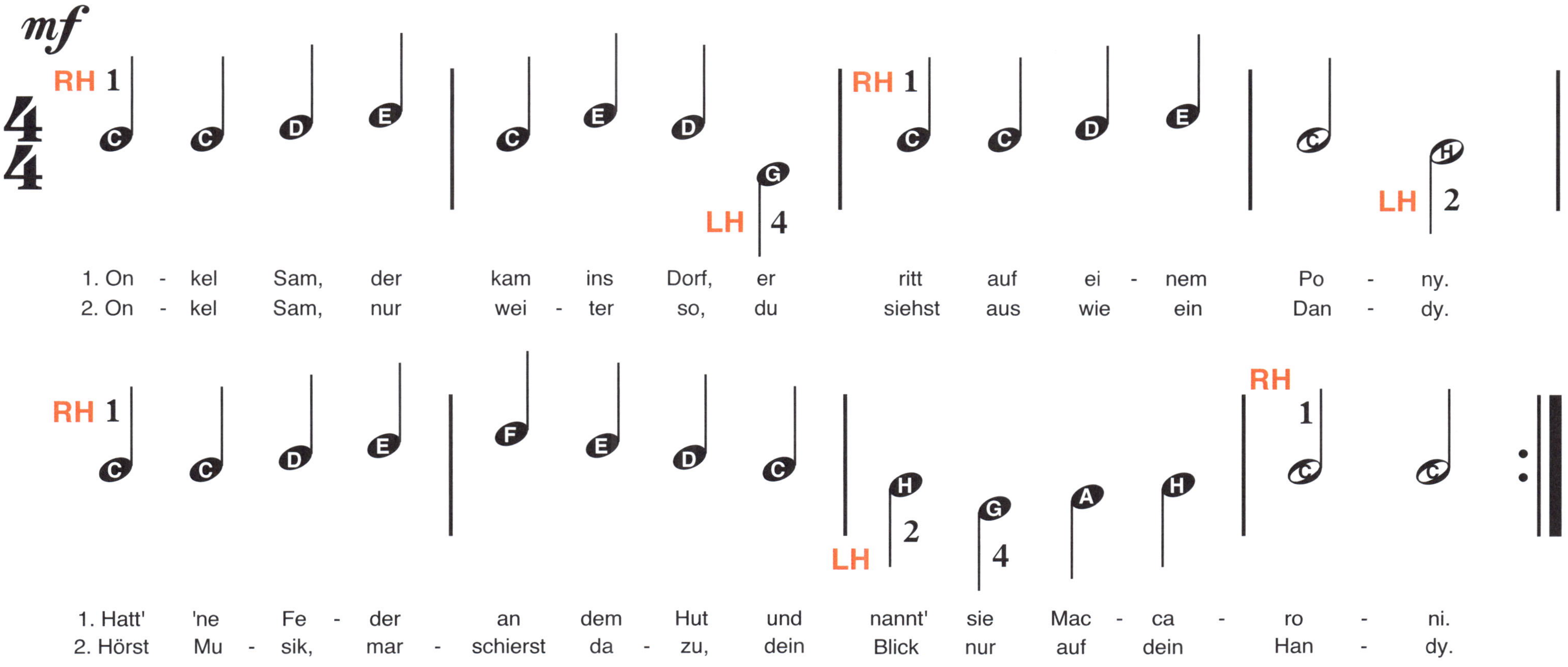

mf
RH 1
C C D E C E D G
LH 4
RH 1
C C D E C H
LH 2
1. On - kel Sam, der kam ins Dorf, er ritt auf ei - nem Po - ny.
2. On - kel Sam, nur wei - ter so, du siehst aus wie ein Dan - dy.
RH 1
C C D E F E D C
LH 2 4
H G A H
RH 1
C C
1. Hatt' 'ne Fe - der an dem Hut und nannt' sie Mac - ca - ro - ni.
2. Hörst Mu - sik, mar - schierst da - zu, dein Blick nur auf dein Han - dy.

Mein zweites Konzertstück

Auf der Mauer, auf der Lauer

Melodie und Text: überliefert

Das ist wieder ein tolles Konzertstück. Du spielst das Lied mehrmals am Klavier, deine Zuhörer singen mit. Bei jeder Wiederholung entfällt der letzte Buchstabe des Wortes „Wanze", so dass das Wort immer kürzer wird. Wie oft musst du das Lied wiederholen, bis nur noch der Buchstabe „W" übrig bleibt? _____ mal

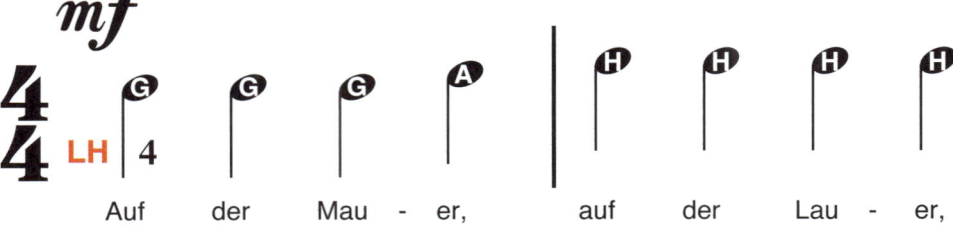

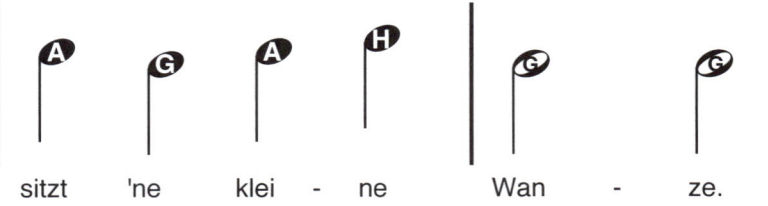

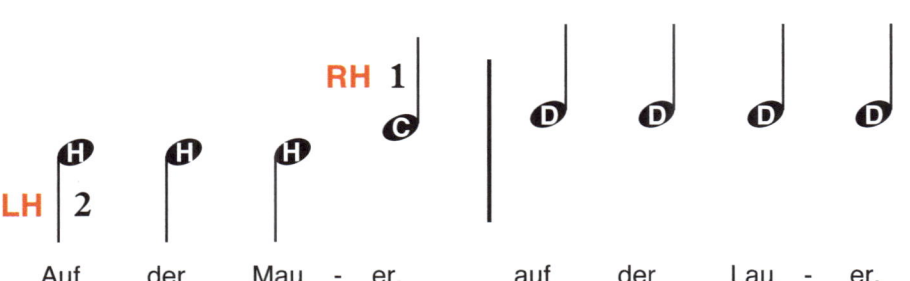

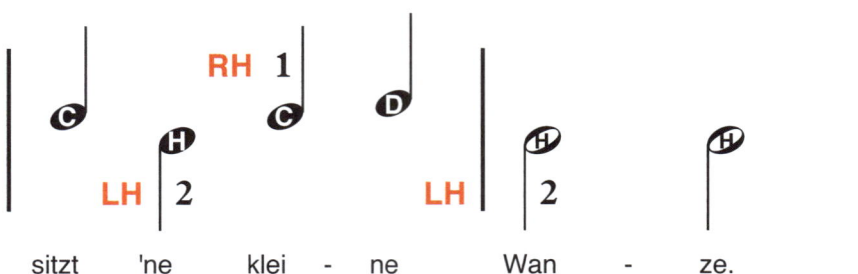

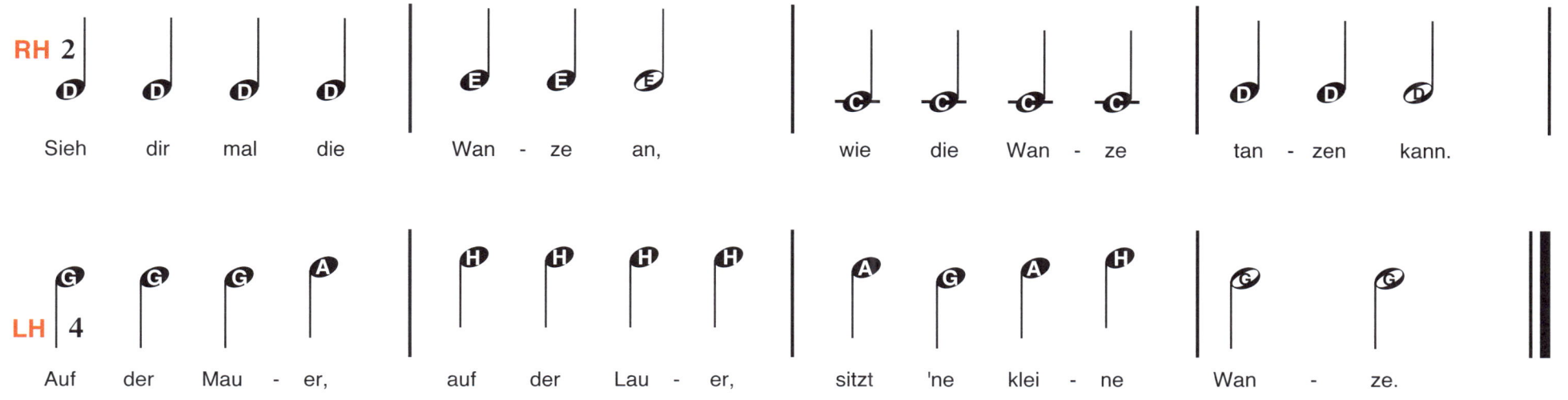

Dein Lehrer spielt die Begleitung am Klavier dazu.
Weitere Mitspieler können mit Bodypercussion mittrommeln,
mitklatschen und natürlich ebenfalls mitsingen.

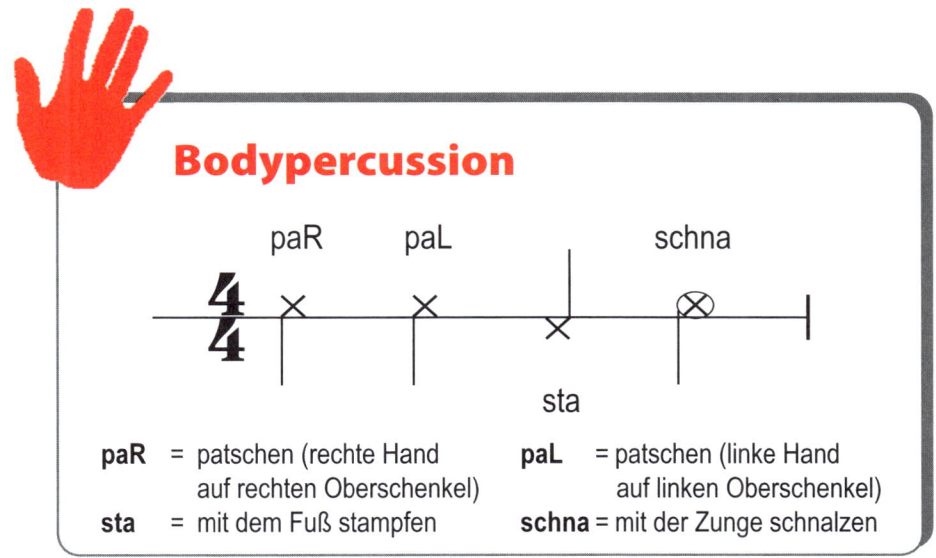

Bodypercussion

paR = patschen (rechte Hand auf rechten Oberschenkel)
paL = patschen (linke Hand auf linken Oberschenkel)
sta = mit dem Fuß stampfen
schna = mit der Zunge schnalzen

LEHRERBEGLEITUNG: Schüler spielt *1 Oktave* höher.

Hoppe, hoppe Reiter

Melodie und Text: überliefert

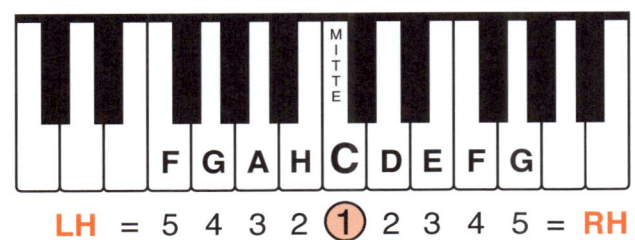

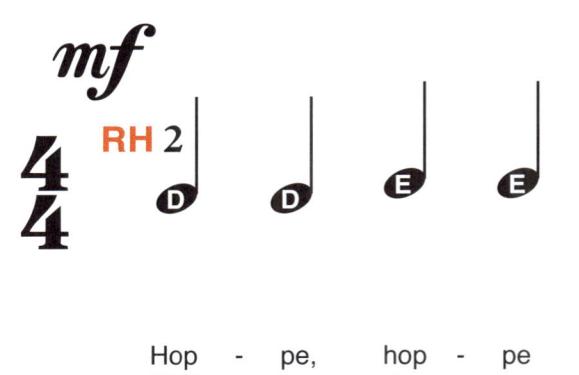
Hop - pe, hop - pe Rei - ter,
Fällt er in den Gra - ben,

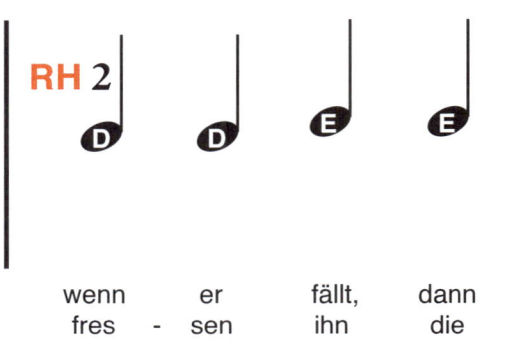
wenn er fällt, dann
fres - sen ihn die

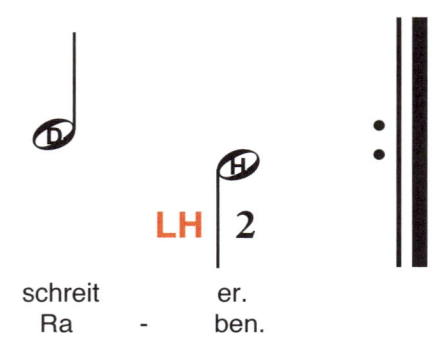
schreit er.
Ra - ben.

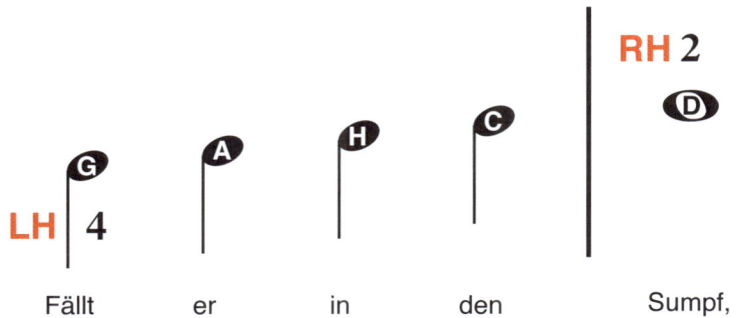
Fällt er in den Sumpf,

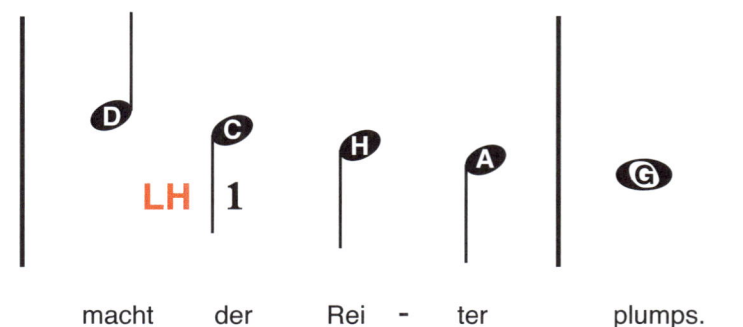
macht der Rei - ter plumps.

Eine neue Lage: 5-Fingerlage C

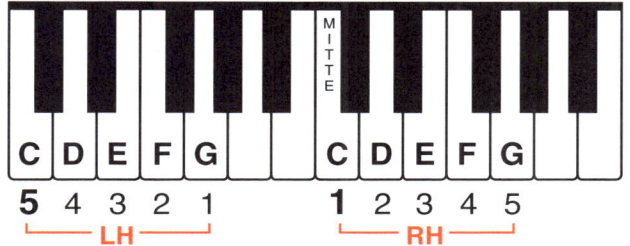

Ich kann das schon

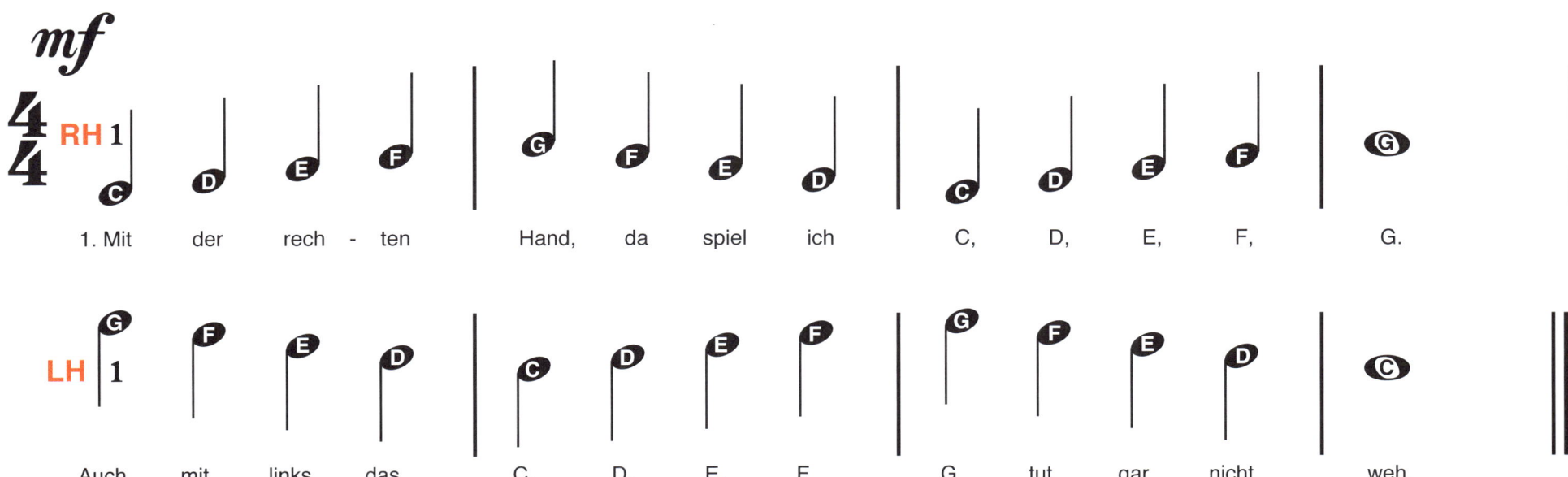

1. Mit der rech - ten Hand, da spiel ich C, D, E, F, G.
Auch mit links das C, D, E, F, G tut gar nicht weh.

Eine neue Taktart

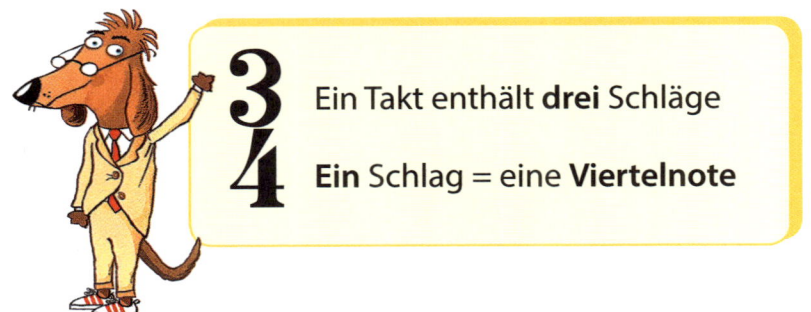

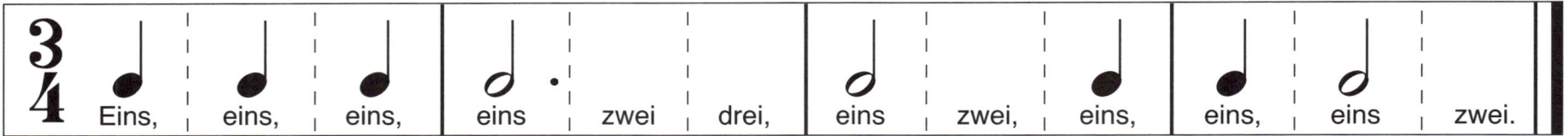

Alle Noten in einem Takt ergeben zusammen **3 SCHLÄGE**!

1. Zeichne in den Kasten eine PUNKTIERTE HALBE NOTE über jede „eins".
2. Füge Taktstriche hinzu und zeichne am Ende einen SCHLUSSSTRICH (DOPPELSTRICH, siehe Seite 14).

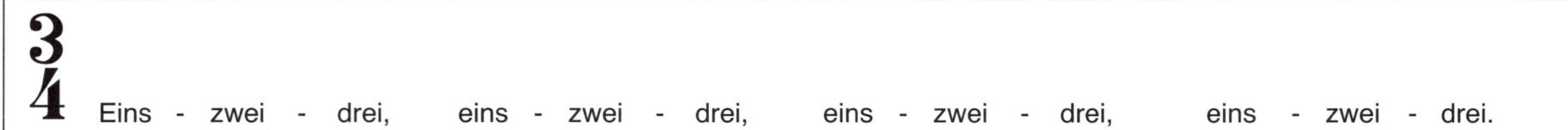

3. Wohin gehören die TAKTSTRICHE? Zeichne sie ein und ergänze auch den SCHLUSSSTRICH.

Auf hoher See

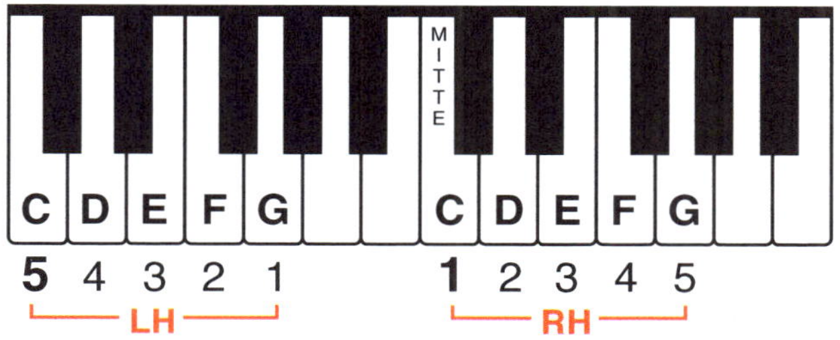

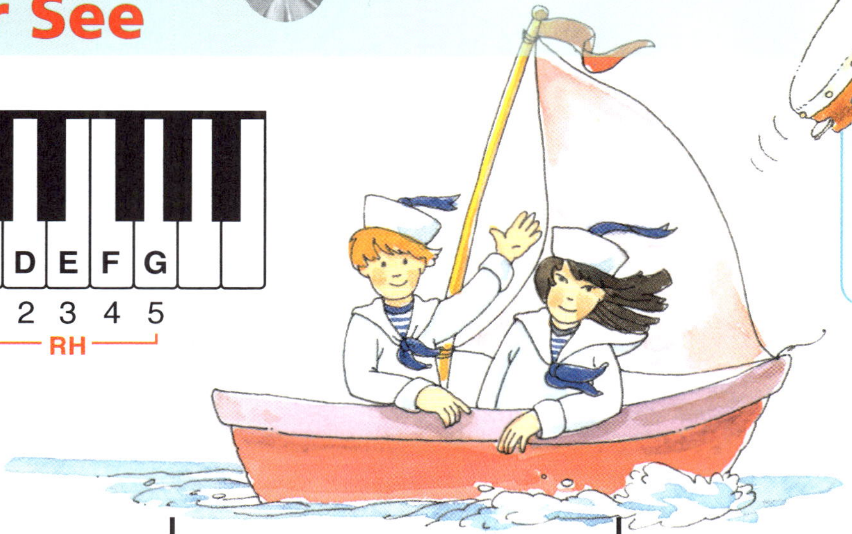

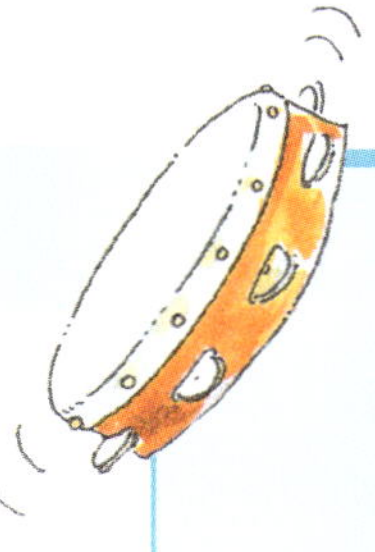

Klatsche jede Note EINMAL und zähle laut mit.

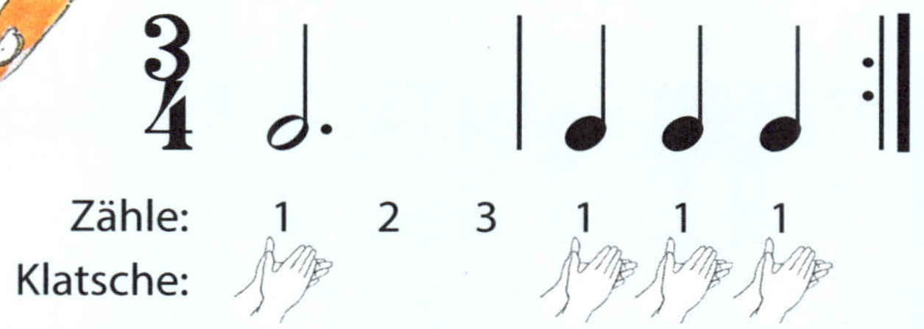

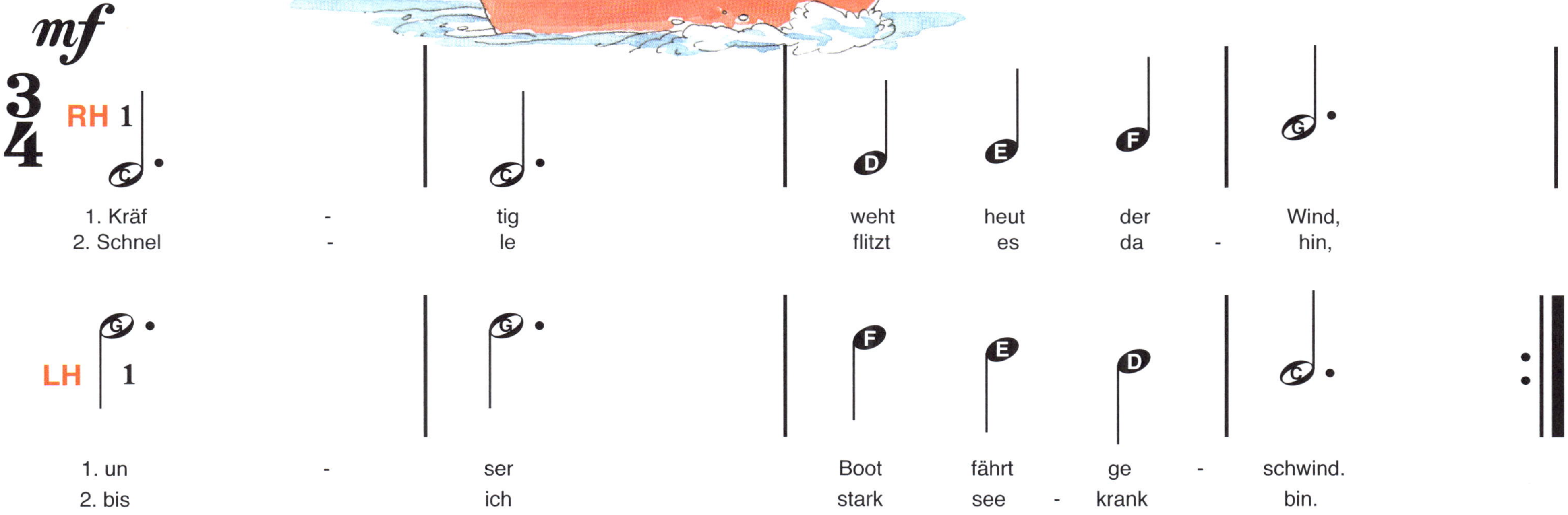

Zähle: 1 2 3 1 1 1

mf

3/4 RH 1 C. | C. | D E F | G. |

1. Kräf - tig weht heut der Wind,
2. Schnel - le flitzt es da - hin,

LH 1 G. | G. | F E D | C. :||

1. un - ser Boot fährt ge - schwind.
2. bis ich stark see - krank bin.

LEHRERBEGLEITUNG: Schüler spielt *1 Oktave* höher.

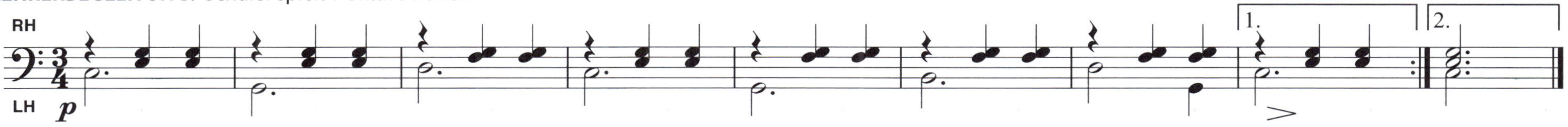

p

Mein Teddybär

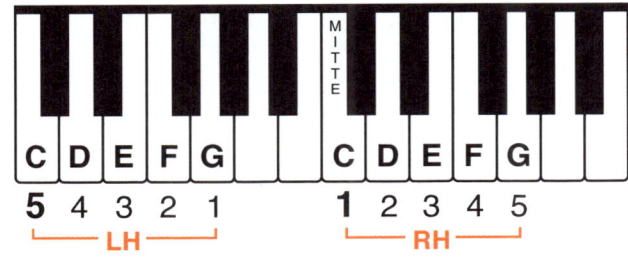

mf

3/4 LH

1. Den brau - nen Ted - dy - bär
2. Ku - schel ich ihn zu sehr,

RH

1. ku - schel ich, mag ihn sehr.
2. brummt er und mag nicht mehr.

LEHRERBEGLEITUNG: Schüler spielt *1 Oktave* höher.

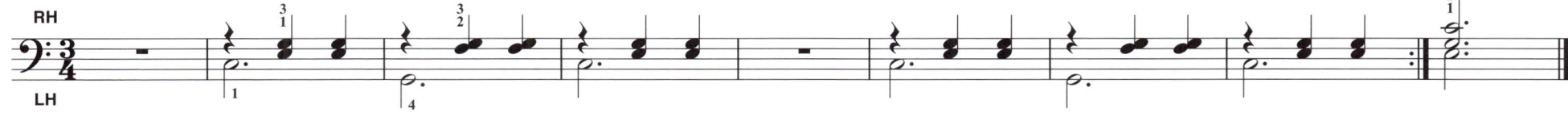

Starke Kinder

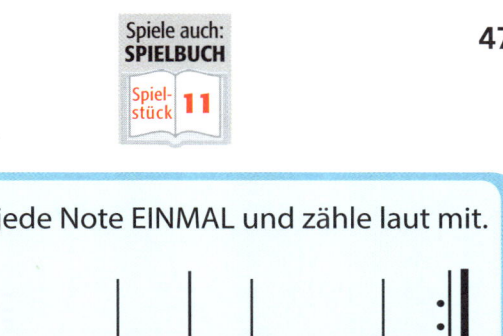

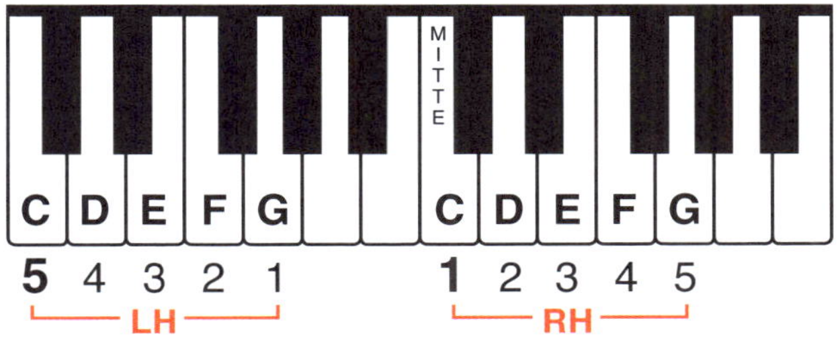

Klatsche jede Note EINMAL und zähle laut mit.

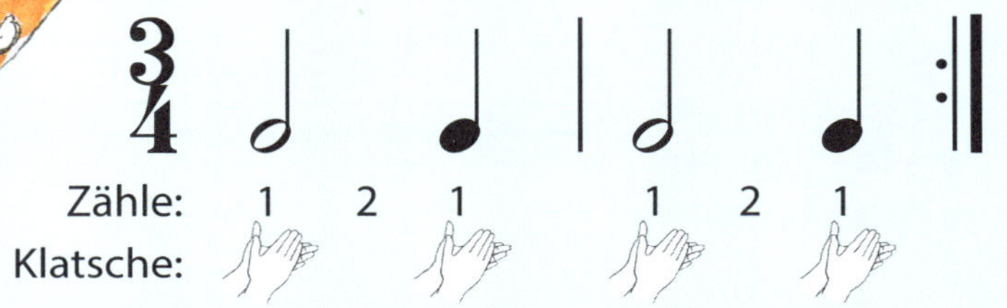

Zähle: 1 2 1 1 2 1
Klatsche:

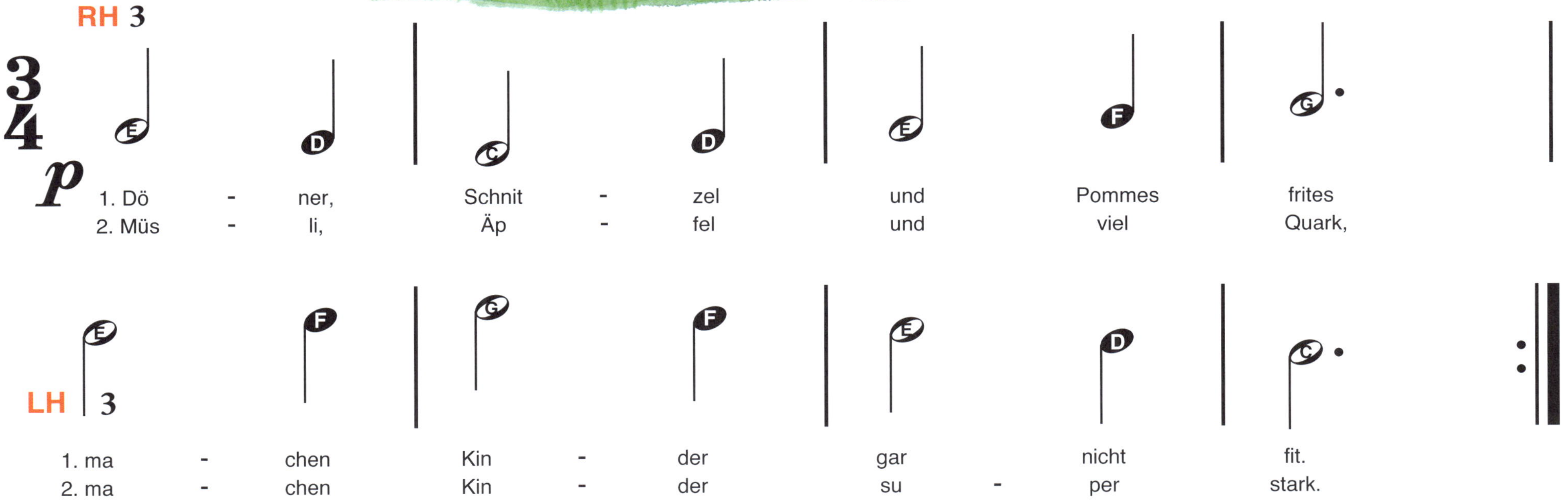

RH 3

3/4 E D C D E F G.

p

1. Dö - ner, Schnit - zel und Pommes frites
2. Müs - li, Äp - fel und viel Quark,

E F G F E D C.

LH 3

1. ma - chen Kin - der gar nicht fit.
2. ma - chen Kin - der su - per stark.

LEHRERBEGLEITUNG: Schüler spielt *1 Oktave* höher.

Das Notensystem

Musik wird in einem SYSTEM aus 5 Linien und 4 Zwischenräumen aufgeschrieben:

LINIEN

ZWISCHENRÄUME

NOTEN AUF DER LINIE

Einige Noten werden auf die LINIEN gesetzt:

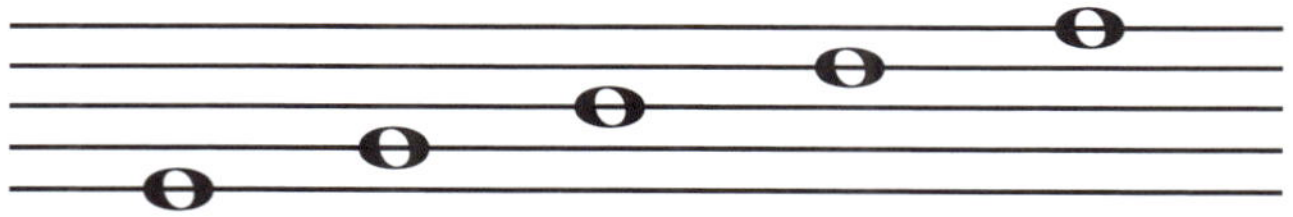

NOTEN IM ZWISCHENRAUM

Andere Noten werden in die ZWISCHENRÄUME gesetzt:

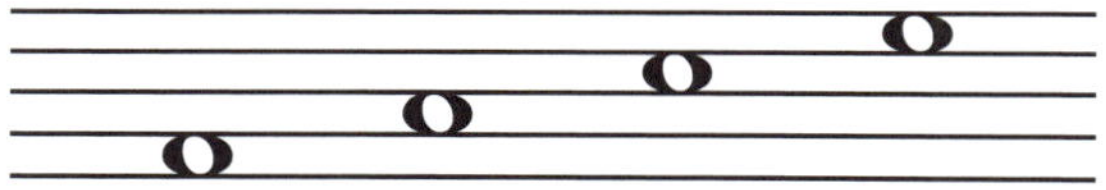

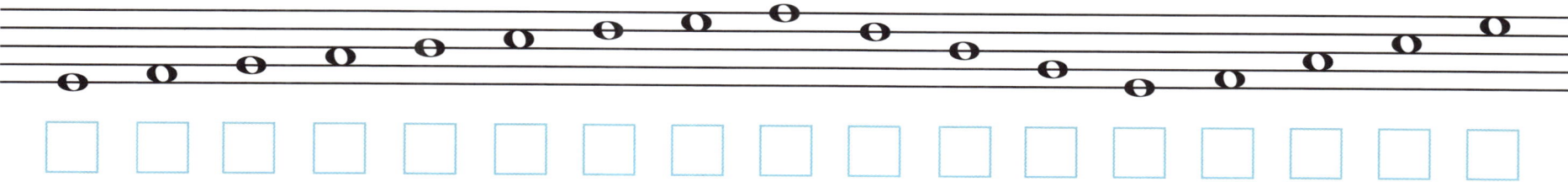

Hier siehst du ein Notensystem mit Noten, die auf den Linien und in den Zwischenräumen sitzen. Schreibe in die blauen Kästchen ein L für jede LINIENNOTE und ein Z für jede Note, die in einem ZWISCHENRAUM sitzt.

Wir schreiben in das Notensystem

1. Schreibe die Zahlen 1 bis 5 auf die NOTENLINIEN. Beginne unten.

2. Zeichne eine GANZE NOTE auf jede NOTENLINIE.

3. Schreibe die Zahlen 1 bis 4 in die ZWISCHENRÄUME. Beginne unten.

4. Zeichne eine GANZE NOTE in jeden ZWISCHENRAUM.

5. Schreibe ganze Noten: über jedes L eine Liniennote, über jedes Z eine Note in einen Zwischenraum. Verwende ALLE Linien und Zwischenräume.

L   Z   Z   L   L   Z   L   Z   L

Der Bassschlüssel

𝄢 Das Zeichen für den Bassschlüssel ist aus dem Buchstaben **F** entstanden.

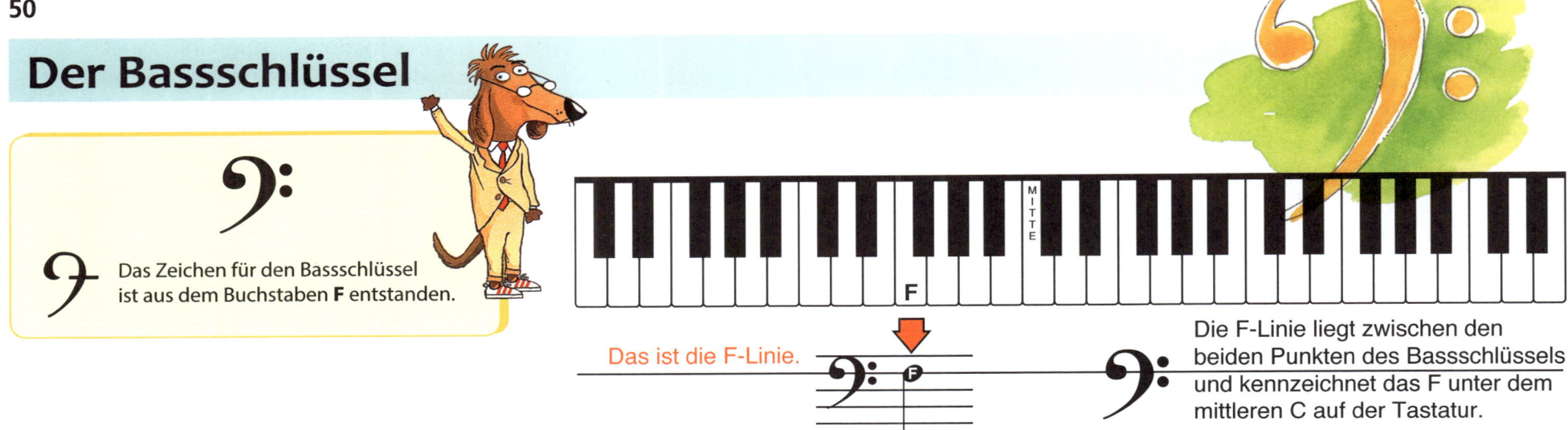

Das ist die F-Linie.

Die F-Linie liegt zwischen den beiden Punkten des Bassschlüssels und kennzeichnet das F unter dem mittleren C auf der Tastatur.

Wenn du von der F-Linie aufwärts oder abwärts zählst, kannst du jede Note im Bassschlüssel bestimmen.

Bei TONWIEDERHOLUNGEN spielst du *denselben Ton* mehrmals.

Du kannst auch in TONSCHRITTEN *abwärts* gehen ...

... und in TONSCHRITTEN *aufwärts* gehen.

LH 2

1. F,   F,   im - mer F, dann   Schrit - te run - ter,   Schrit - te rauf.
2. Ich   kann   auch die No - ten: F, E, D, C,   D, E, F.

1. Fahre den Bassschlüssel mehrmals mit Buntstiften nach.

2. Fahre die vorgezeichneten Bassschlüssel nach. Danach kannst du selbst Bassschlüssel in die restlichen Kästchen malen. Du beginnst bei der F-Linie und setzt die Punkte zum Schluss.

BEGINNE HIER.

SETZE DIE PUNKTE ZUM SCHLUSS.

A, a, a, der Winter, der ist da

Melodie und Text: überliefert

Zur Erinnerung: Die F-Linie liegt zwischen den beiden Punkten des Bassschlüssels und kennzeichnet das F unter dem mittleren C auf der Tastatur.

A, a, a, der Win-ter, der ist da.
Herbst und Som-mer sind ver-gan-gen, Win-ter, der hat an-ge-fan-gen.
A, a, a, der Win-ter, der ist da.

Kannst du das Lied auch mit der rechten Hand spielen?
Dazu legst du den Daumen deiner rechten Hand auf das mittlere C und beginnst das Lied mit dem Daumen.

Kuckuck, Kuckuck ruft's aus dem Wald

CD 28

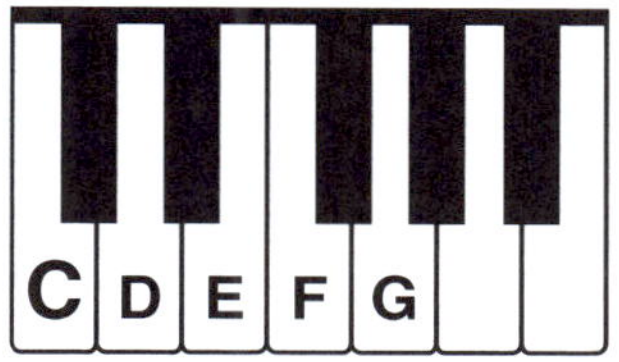
C
D
E
F
G

Melodie und Text: überliefert

Achtung $\frac{3}{4}$-Takt!

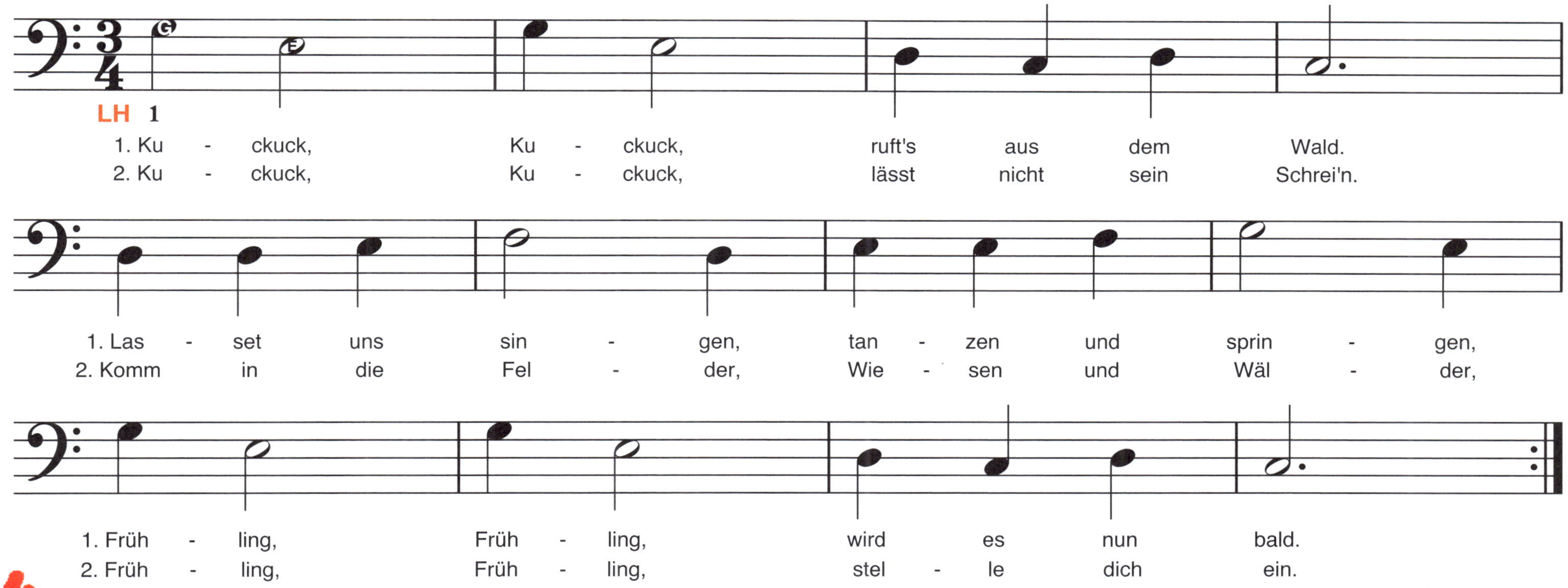
G
E
LH 1
1. Ku - ckuck, Ku - ckuck, ruft's aus dem Wald.
2. Ku - ckuck, Ku - ckuck, lässt nicht sein Schrei'n.
1. Las - set uns sin - gen, tan - zen und sprin - gen,
2. Komm in die Fel - der, Wie - sen und Wäl - der,
1. Früh - ling, Früh - ling, wird es nun bald.
2. Früh - ling, Früh - ling, stel - le dich ein.

Bodypercussion

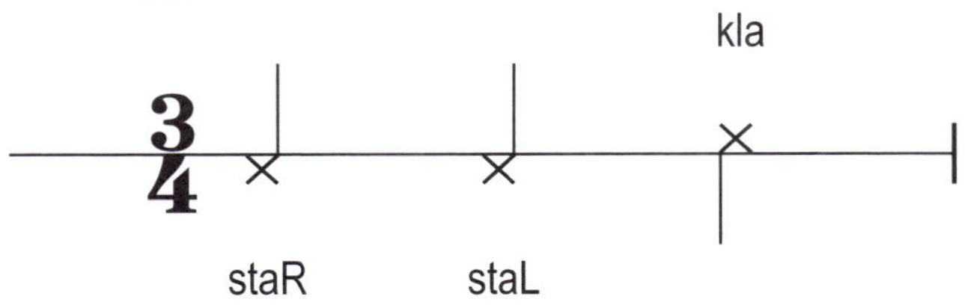
kla
3/4
staR
staL

staR = rechter Fuß stampft
staL = linker Fuß stampft
kla = klatschen

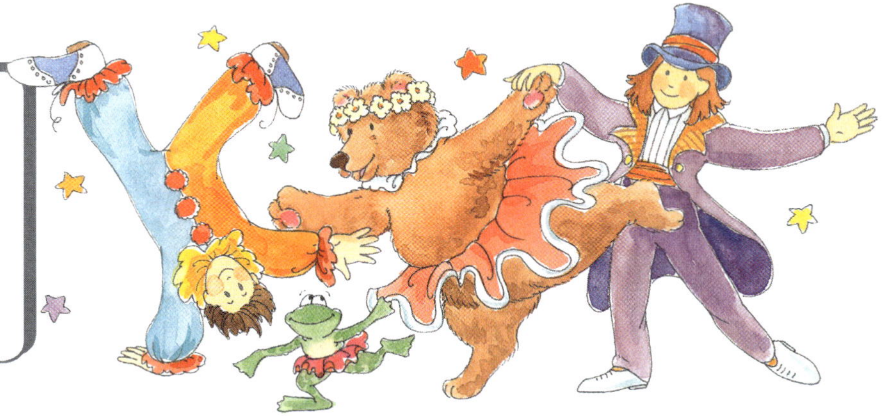

Der Violinschlüssel

Das Zeichen für den Violinschlüssel ist aus dem Buchstaben **G** entstanden.

Das ist die G-Linie.

Der „Kringel" des Violinschlüssels „kringelt" sich um die G-Linie und kennzeichnet das G über dem mittleren C.

Wenn du von der G-Linie aufwärts oder abwärts zählst, kannst du jede Note im Violinschlüssel bestimmen.

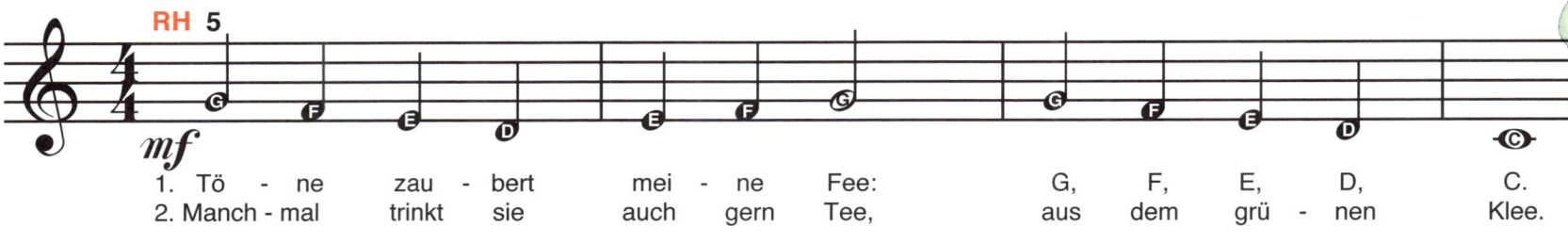

1. Tö - ne zau - bert mei - ne Fee: G, F, E, D, C.
2. Manch - mal trinkt sie auch gern Tee, aus dem grü - nen Klee.

1. Fahre den Violinschlüssel mehrmals mit Buntstiften nach.

2. Fahre die vorgezeichneten Violinschlüssel nach. Danach kannst du selbst Violinschlüssel in die restlichen Kästchen malen. Dabei beginnst du bei der G-Linie und endest bei dem unteren „Kringel".

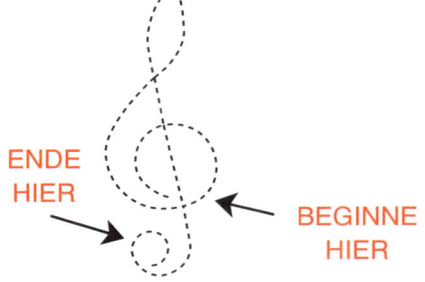

Einmal rechts und einmal links

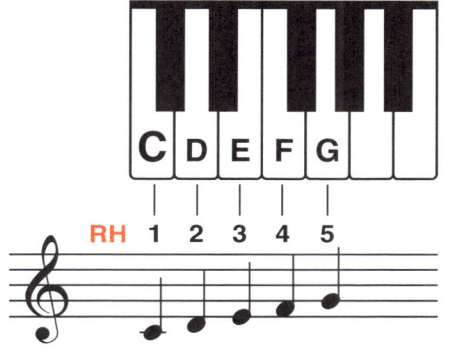

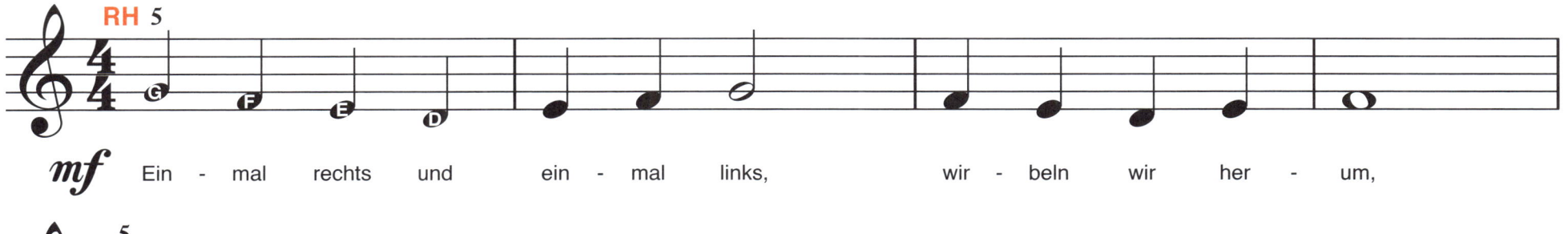

Ein - mal rechts und ein - mal links, wir - beln wir her - um,

dreh'n uns dann auch mal im Kreis und ste - hen grad und krumm.

LEHRERBEGLEITUNG:

Mein Freund

Zur Erinnerung:

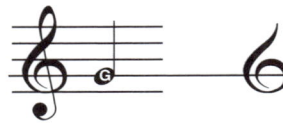

Der „Kringel" des Violinschlüssels „kringelt" sich um die G-Linie und kennzeichnet das G über dem mittleren C.

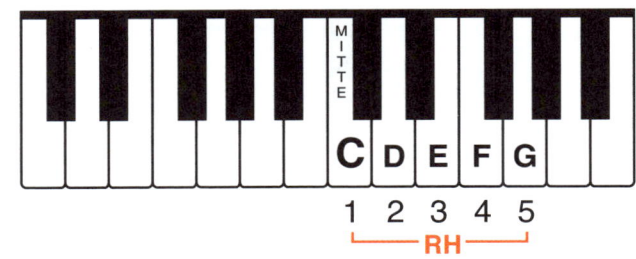

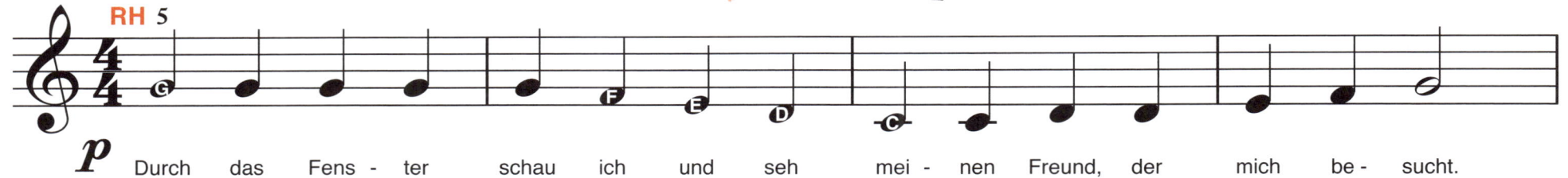

Durch das Fens - ter schau ich und seh mei - nen Freund, der mich be - sucht.

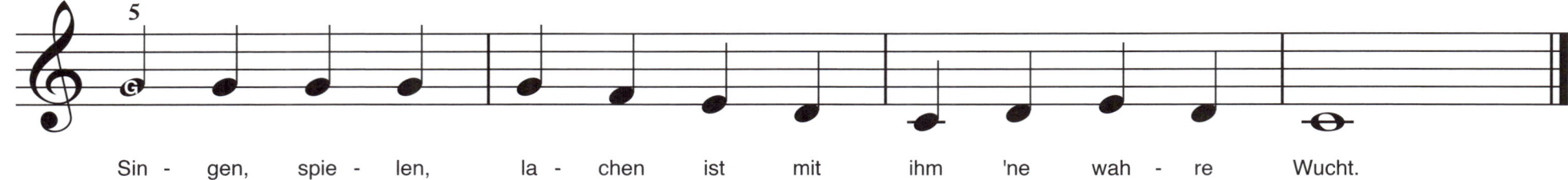

Sin - gen, spie - len, la - chen ist mit ihm 'ne wah - re Wucht.

LH C POSITION

Kannst du das Lied auch mit der linken Hand spielen? Dazu legst du den Daumen deiner linken Hand auf das G und beginnst das Lied mit dem Daumen.

LEHRERBEGLEITUNG:

Der Mann im Mond

Nicht zu schnell

Beim 2. Mal EINE OKTAVE (8 Noten) HÖHER spielen

1. C, D, E, F, G, F, E, D, C hab ich ge - lernt,
2. Ich sitz auf dem gro - ßen Baum und schau den Mond mir an,

1. Son - ne, Mond und Ster - ne, die sind al - le weit ent - fernt.
2. träum vom lie - ben Mann im Mond, da - mit ich schla - fen kann.

LEHRERBEGLEITUNG: Schüler spielt *1 Oktave* höher.

Das Klaviersystem

VIOLIN- und BASSSCHLÜSSELSYSTEM zusammen ergeben das KLAVIERSYSTEM.

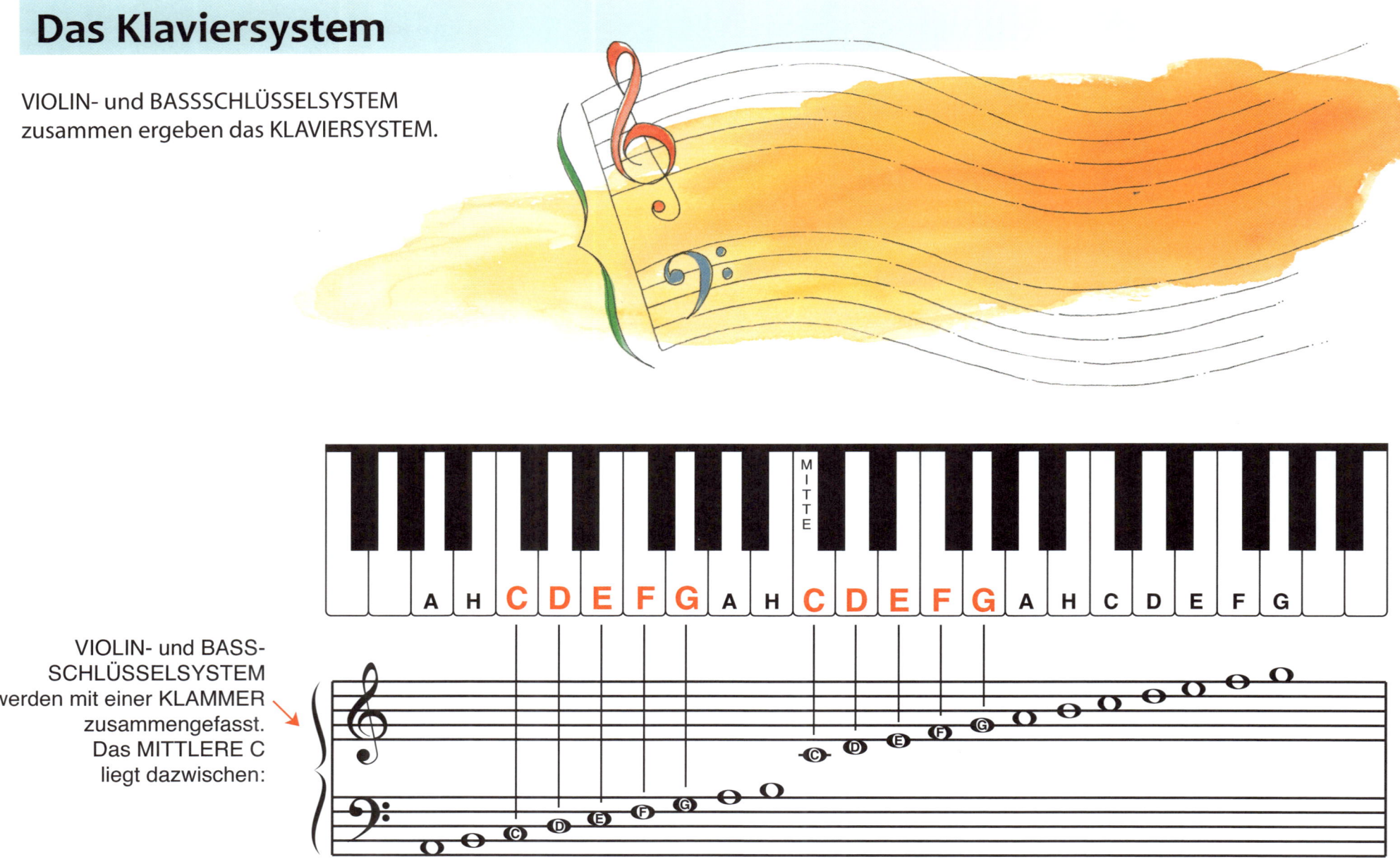

VIOLIN- und BASS-SCHLÜSSELSYSTEM werden mit einer KLAMMER zusammengefasst. Das MITTLERE C liegt dazwischen:

WICHTIG! Wir lernen jetzt nur die Noten C D E F G !

Wir schreiben im Klaviersystem

Zusätzlich zur KLAMMER werden VIOLIN- und BASSSCHLÜSSELSYSTEM mit einem SENKRECHTEN STRICH zum KLAVIERSYSTEM zusammengefasst.

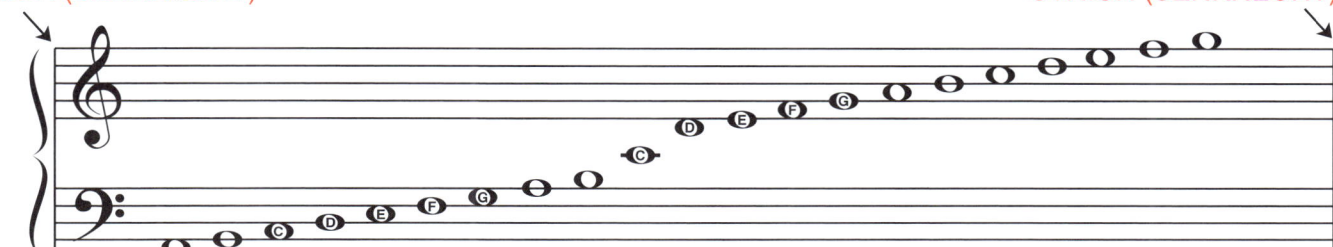

Fahre die drei KLAMMERN mit einem Stift nach. Daneben kannst du selbst drei KLAMMERN malen.

1. Fahre die KLAMMER und die SENKRECHTEN STRICHE im Notenbild rechts nach, so dass ein vollständiges Klaviersystem entsteht.
2. Schreibe die Buchstaben **C D E F G** in die Tastatur.
3. Male ALLE Noten als GANZE NOTEN unter die Buchstaben in das Klaviersystem. Beginne im zweituntersten Zwischenraum. Versuche, die Noten genau so eng zu setzen, wie du es oben im Notensystem siehst, und ordne sie den Tasten zu.

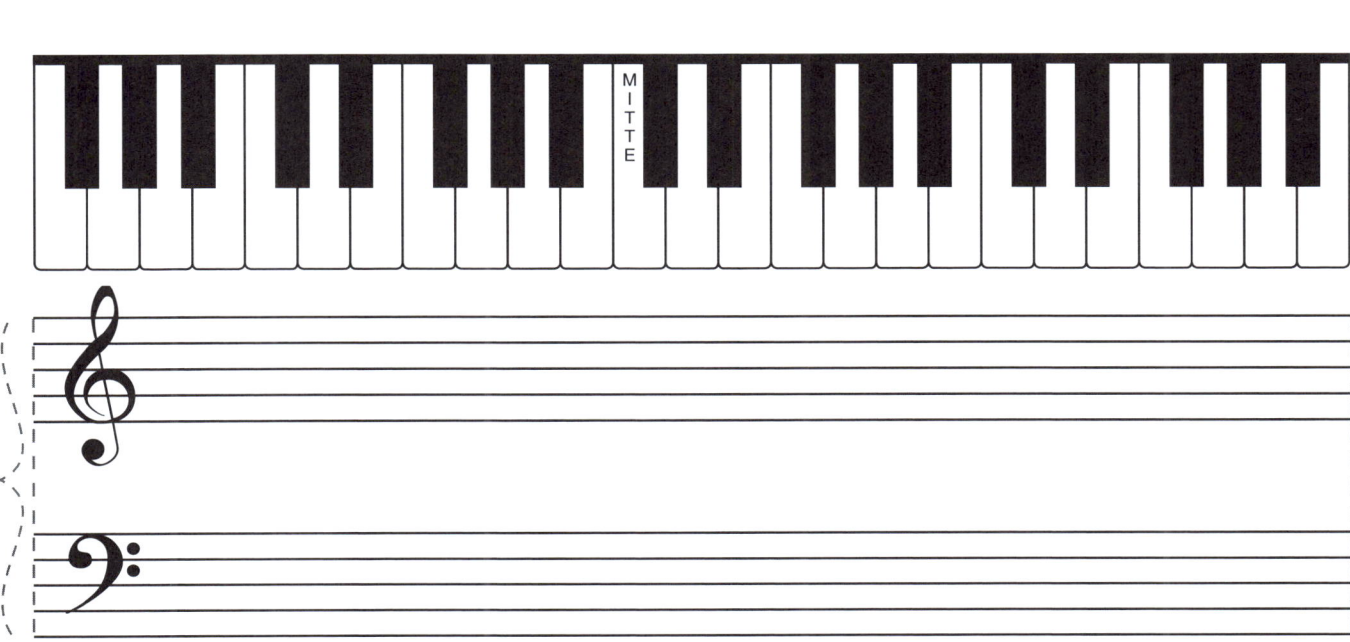

Die 5-Fingerlage C im Klaviersystem

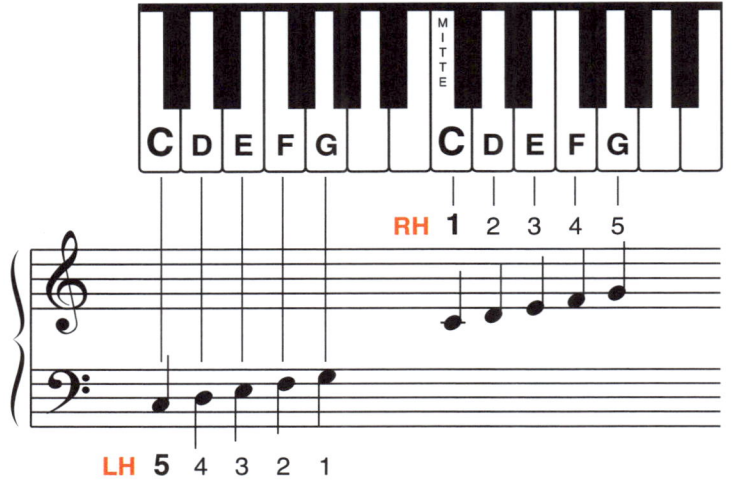

IN DIESEM BUCH

werden die Noten im **Violinschlüssel** mit der rechten Hand (**RH**) und

die Noten im **Bassschlüssel** mit der linken Hand (**LH**) gespielt.

CD 32

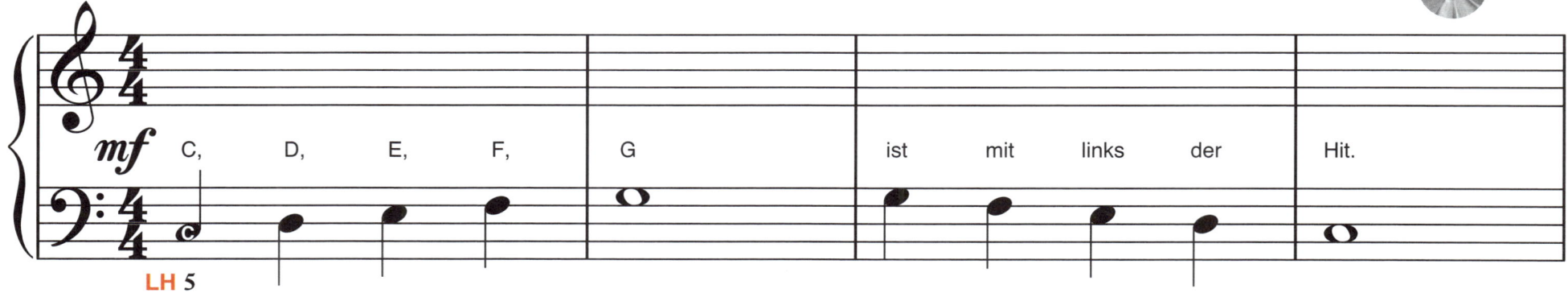

mf C, D, E, F, G ist mit links der Hit.

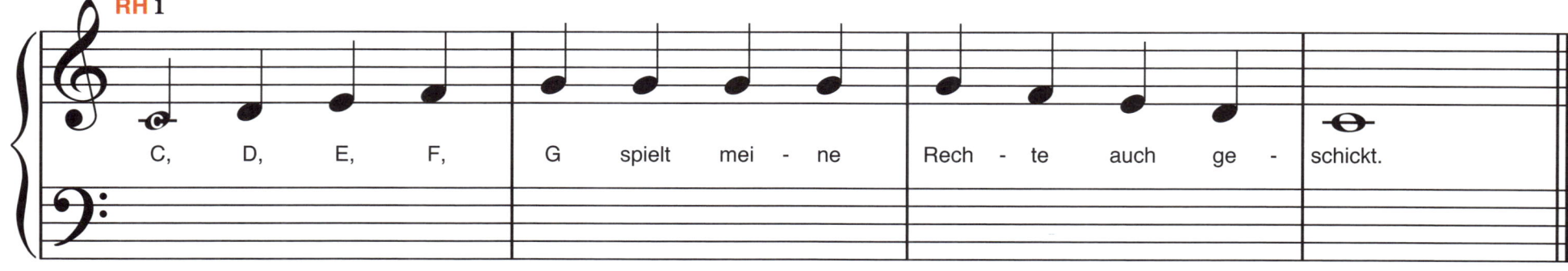

C, D, E, F, G spielt mei - ne Rech - te auch ge - schickt.

Wir schreiben die 5-Fingerlage C im Klaviersystem

1. Schreibe die Noten der LH als Viertelnoten in den Bassschlüssel unter die Kästchen ⬒. Bei C zeigt der Notenhals nach oben, bei D, E, F, G nach unten.

2. Schreibe die Noten der RH als Viertelnoten in den Violinschlüssel über die Kästchen ⬓. Alle Notenhälse zeigen nach oben.

C D E F G   C D E F G

Buchstabenspielerei

3. Wenn du in jedes Kästchen den richtigen Notennamen schreibst, erhältst du pro Takt einzelne Wörter.

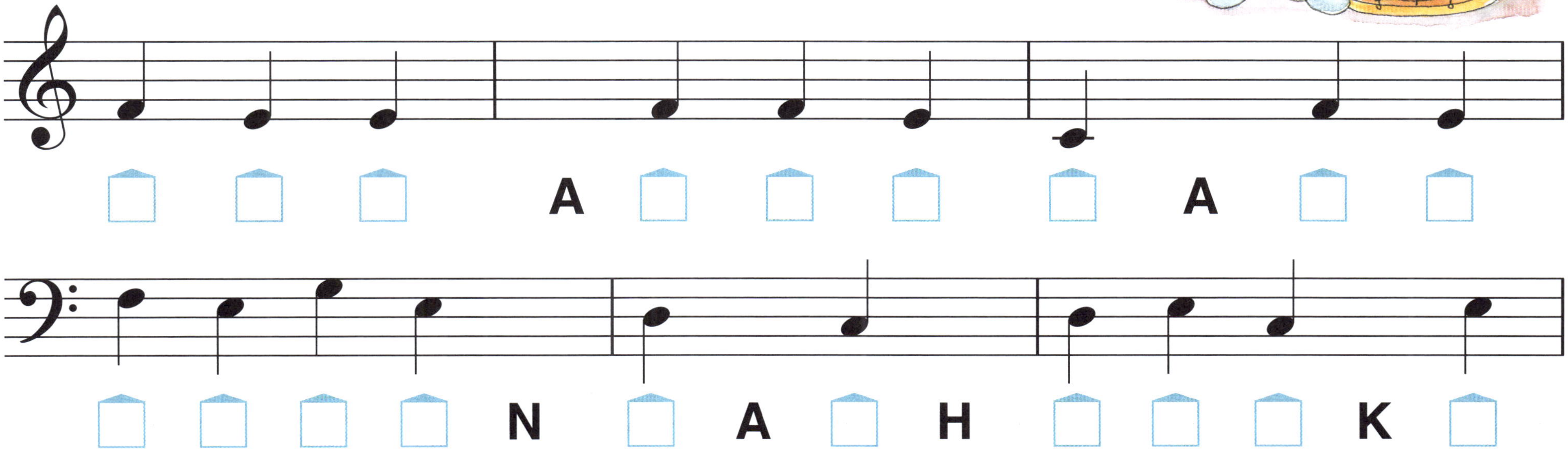

☐ ☐ ☐ A ☐ ☐ ☐ ☐ A ☐ ☐

☐ ☐ ☐ ☐ N ☐ A ☐ H ☐ ☐ K ☐

Spiegelbild

Melodie: Traditional (Row, Row, Row Your Boat)
Deutscher Text: Michaela Paller

Die beiden Zeilen sind so ähnlich wie Spiegelbilder. Geht es in der ersten Zeile nach oben, so geht es in der zweiten Zeile nach unten. Tonwiederholungen bleiben gleich.

Spiele auch: SPIELBUCH Spielstück 14

CD 33

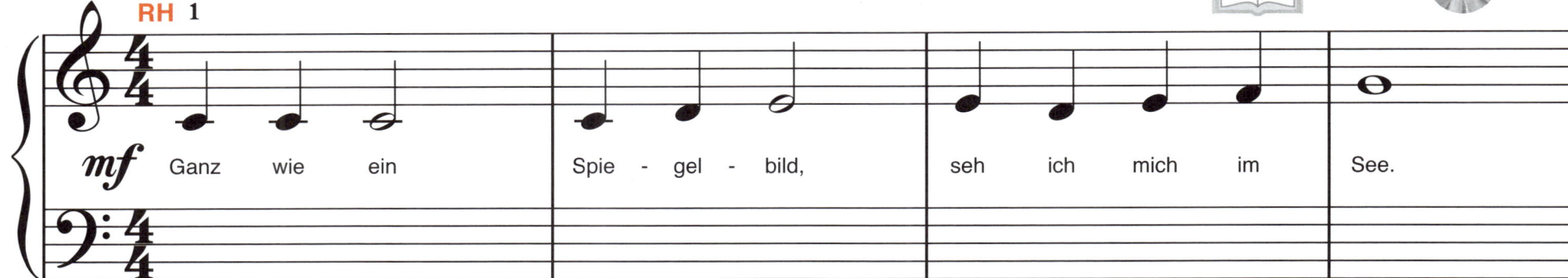

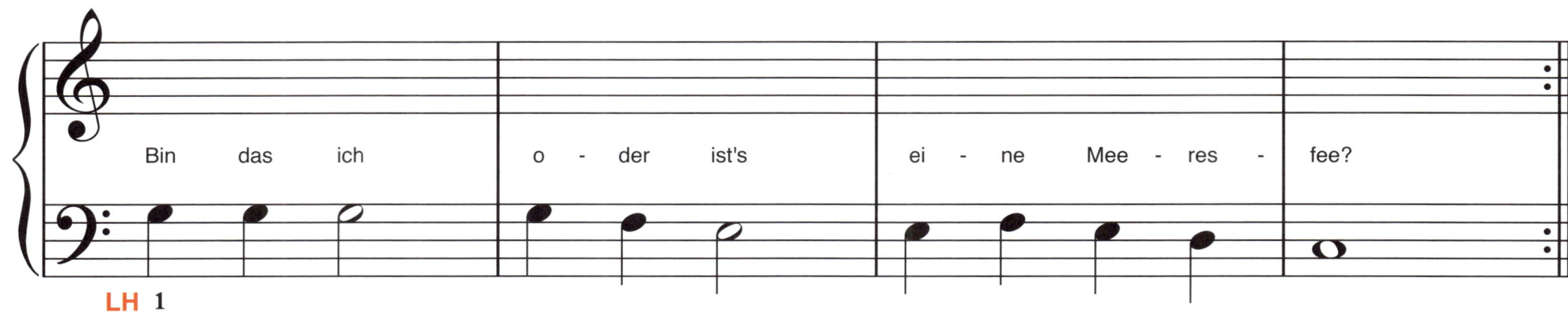

LEHRERBEGLEITUNG:

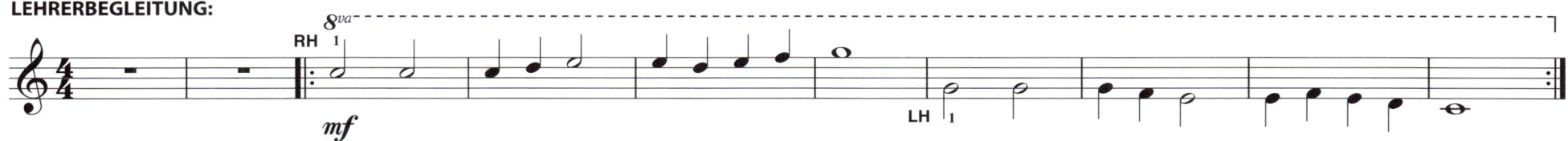

Musik-Rätsel – Das kennst du schon.

Jedes der folgenden Zeichen passt einmal in ein Kästchen in der linken Spalte und einmal in der rechten Spalte. Trage die richtigen Zeichen ein und ziehe einen Strich von dem Kästchen in der linken Spalte zu dem passenden Kästchen in der rechten Spalte.

mf	𝅗𝅥	3/4
p	𝅝	f
𝅘𝅥	𝅗𝅥.	4/4

☐ piano   ☐ Bei dieser Note zählst du viermal.

☐ punktierte halbe Note   ☐ laut

☐ Taktart   ☐ Bei dieser Note zählst du zweimal.

☐ Viertelnote   ☐ Hier sind 3 Schläge in einem Takt.

☐ mezzoforte   ☐ leise

☐ ganze Note   ☐ Bei dieser Note zählst du einmal.

☐ halbe Note   ☐ mittellaut

☐ forte   ☐ Bei dieser Note zählst du dreimal.

☐ Taktart   ☐ Hier sind 4 Schläge in einem Takt.

Ode „An die Freude"

Melodie: Ludwig van Beethoven (1770–1827)
Text: Friedrich von Schiller (1759–1805)

Die **Ode „An die Freude"** hat Ludwig van Beethoven 1823 als vierten Satz seiner Neunten Symphonie komponiert. 1972 wurde sie zur europäischen Hymne gewählt.

Zusatzaufgabe:

1. Wenn du zum Superprofi werden willst, versuche mit beiden Händen gleichzeitig vom C zum G und wieder zurück zu spielen. Das ist ziemlich schwierig, so dass du diese Übung bestimmt mehrmals wiederholen wirst.

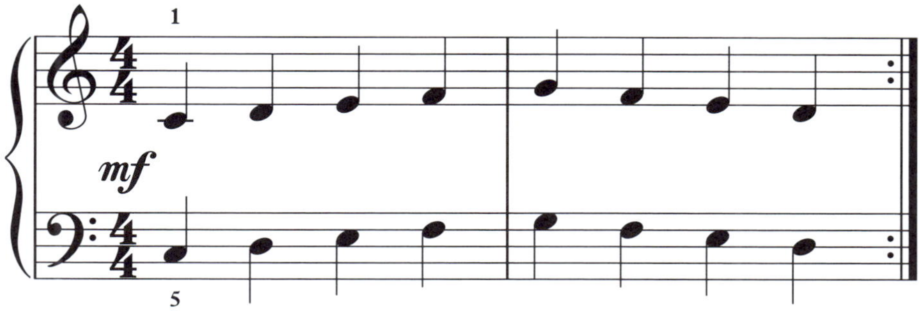

2. Geschafft? Dann versuche doch, in den Takten 2 und 6 der **Ode „An die Freude"** mit beiden Händen gleichzeitig die gleichen Töne zu spielen.

LEHRERBEGLEITUNG: Schüler spielt *1 Oktave* höher.

Wir spielen Legato

LEGATO bedeutet, dass man die Noten beim Spielen miteinander verbindet. Um LEGATO richtig schön zu spielen, geht ein Finger nach oben, während der andere gleichzeitig nach unten geht, wie bei einer Wippe.

Bei diesem Stück kannst du LEGATO gut üben:
SPIELE LANGSAM. VERBINDE DIE TÖNE MITEINANDER UND HÖRE DIR ZU.

Legatobogen (Bindebogen)

Hier spielst du LEGATO.

Bögen kennzeichnen oft musikalische PHRASEN. Eine PHRASE ist ein musikalischer Gedanke oder eine Einheit, die zusammen gehört.

Meine Wippe

1. Auf und ab, so wip - pe ich, sing da - bei und freu - e mich.
2. Lass ich bei - de Hän - de los, fall ich Ma - ma in den Schoß.

LEHRERBEGLEITUNG: Schüler spielt *1 Oktave* höher.

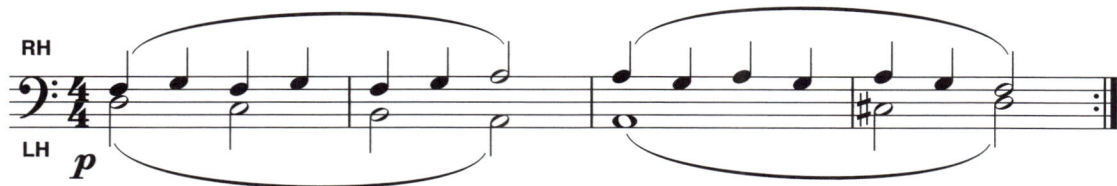

Wir schreiben Legato

1. Male einen Legatobogen ÜBER die erste Note des 1. Taktes bis zur letzten Note des 2. Taktes.
2. Male einen Legatobogen UNTER die erste Note des 3. Taktes bis zur letzten Note des 4. Taktes.
3. Male einen Legatobogen UNTER die erste Note des 5. Taktes bis zur letzten Note des 6. Taktes.
4. Male einen Legatobogen ÜBER die erste Note des 7. Taktes bis zum Schluss.

Mit dem Fahrrad

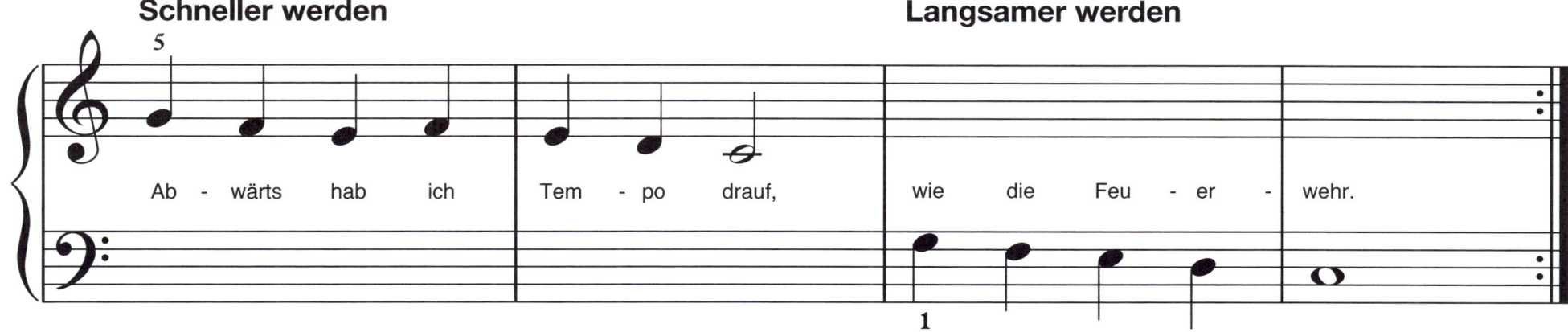

5. Wenn du jetzt spielst, höre dir selbst zu, verbinde die Noten einer Phrase gut miteinander und hebe die Hände am Ende einer Phrase.
6. Willst du noch eine Aufgabe für „Superprofis"? Dann versuche, in den Takten 3 und 4 sowie in den Takten 7 und 8 mit beiden Händen gleichzeitig die gleichen Töne spielen.

Die Daumenlage C am Klavier

Du hast schon viele Lieder gespielt, bei denen beide Daumen auf dem mittleren C liegen. Im Klaviersystem schauen die Noten dazu so aus:

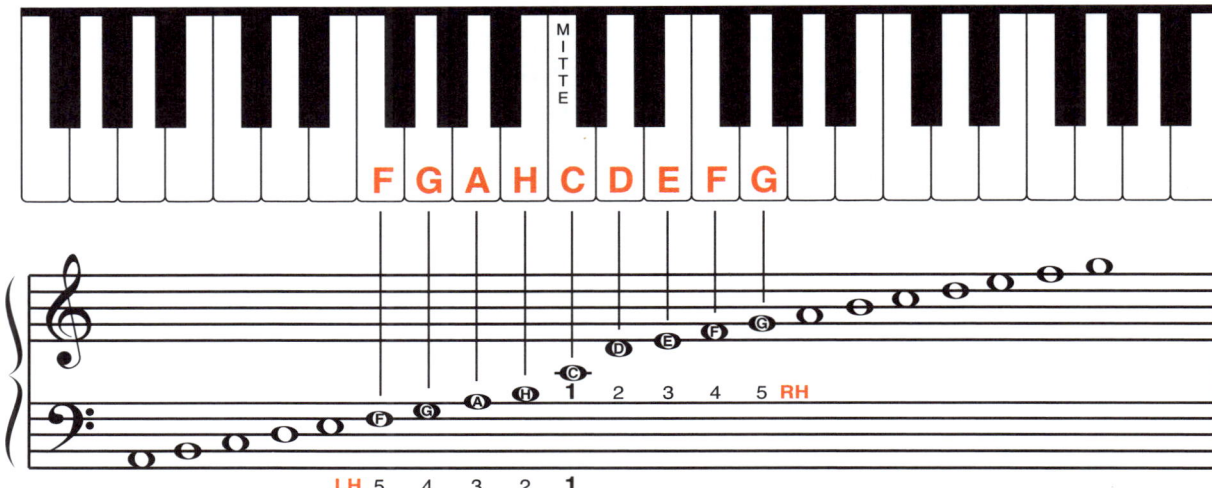

1. Schreibe die Noten der LH als halbe Noten in den Bassschlüssel unter die Kästchen ⬡. Weißt du schon, in welche Richtung die Notenhälse zeigen?

2. Schreibe die Noten der RH als halbe Noten in den Violinschlüssel über die Kästchen ⬡. Auch hier weißt du bestimmt schon, wie die Notenhälse gesetzt werden.

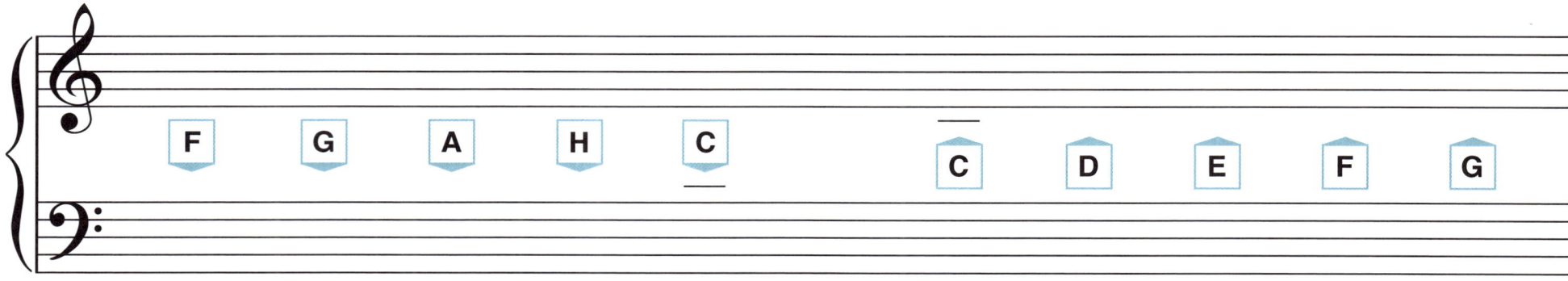

3. Jetzt legst du beide Daumen auf das mittlere C und spielst alle Töne nacheinander von unten bis oben (der 5. Finger der LH beginnt) und dann wieder von oben bis unten. Das mittlere C „teilen" sich beide Daumen und spielen den Ton gemeinsam.

4. Wenn dir das gut gelingt, spielst du die Zeile nochmals langsam und sprichst die Notennamen dazu.

5. Wenn du ein „Superprofi" werden willst, versuchst du, die Zeile auch rückwärts zu spielen, also die Töne nacheinander von oben nach unten, und sprichst dazu die Notennamen.

Heut ist ein Fest bei den Fröschen am See

Melodie und Text: überliefert

Spiele auch: SPIELBUCH
Spiel-stück 16

CD 37

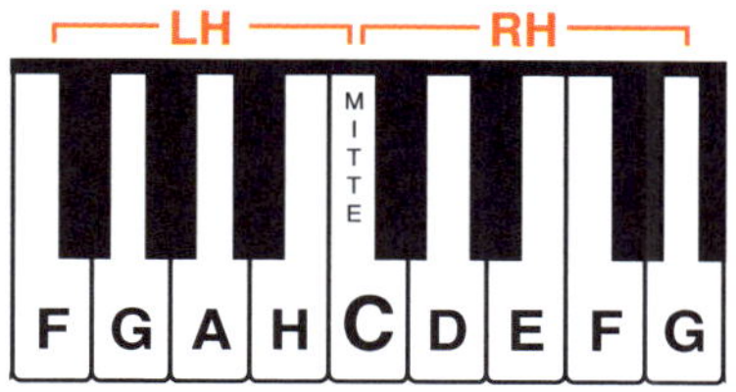

Achtung 3/4-Takt!

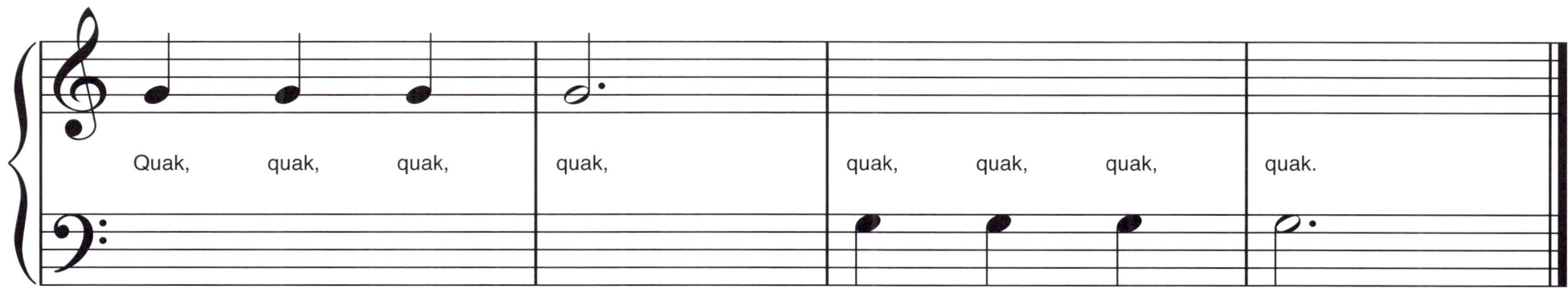

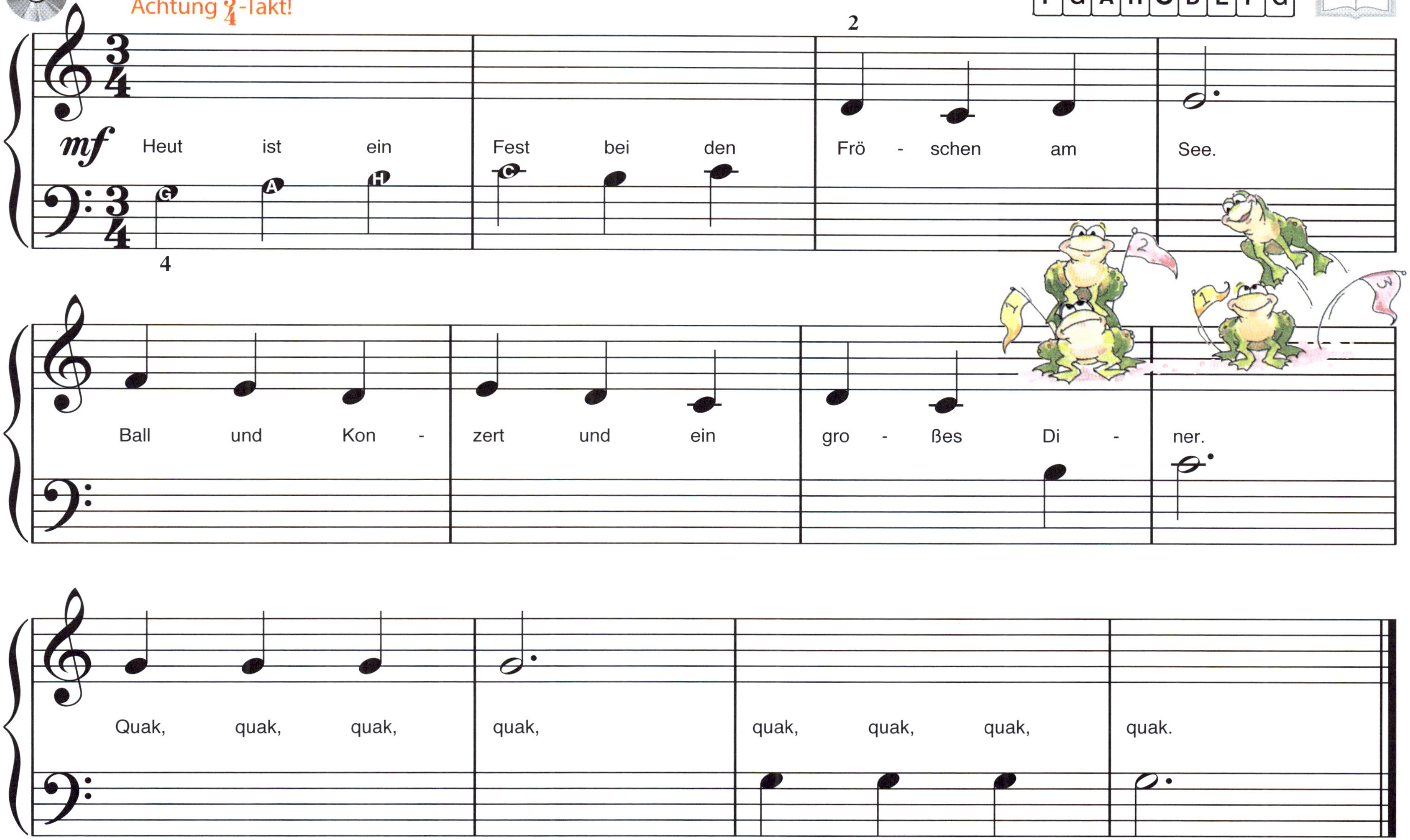

London ist 'ne schöne Stadt

Melodie: Traditional (London Bridge)
Deutscher Text: Tom Pold

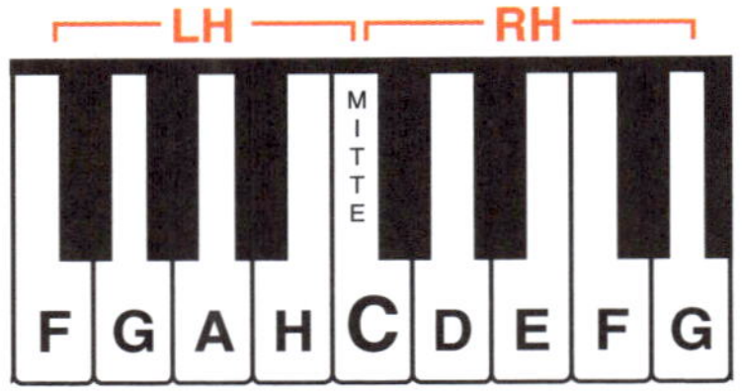

Spottlied

London ist 'ne schö-ne Stadt, schö-ne Stadt, schö-ne Stadt,
wo es schö-nes Wet-ter hat: Wind und Re-gen.

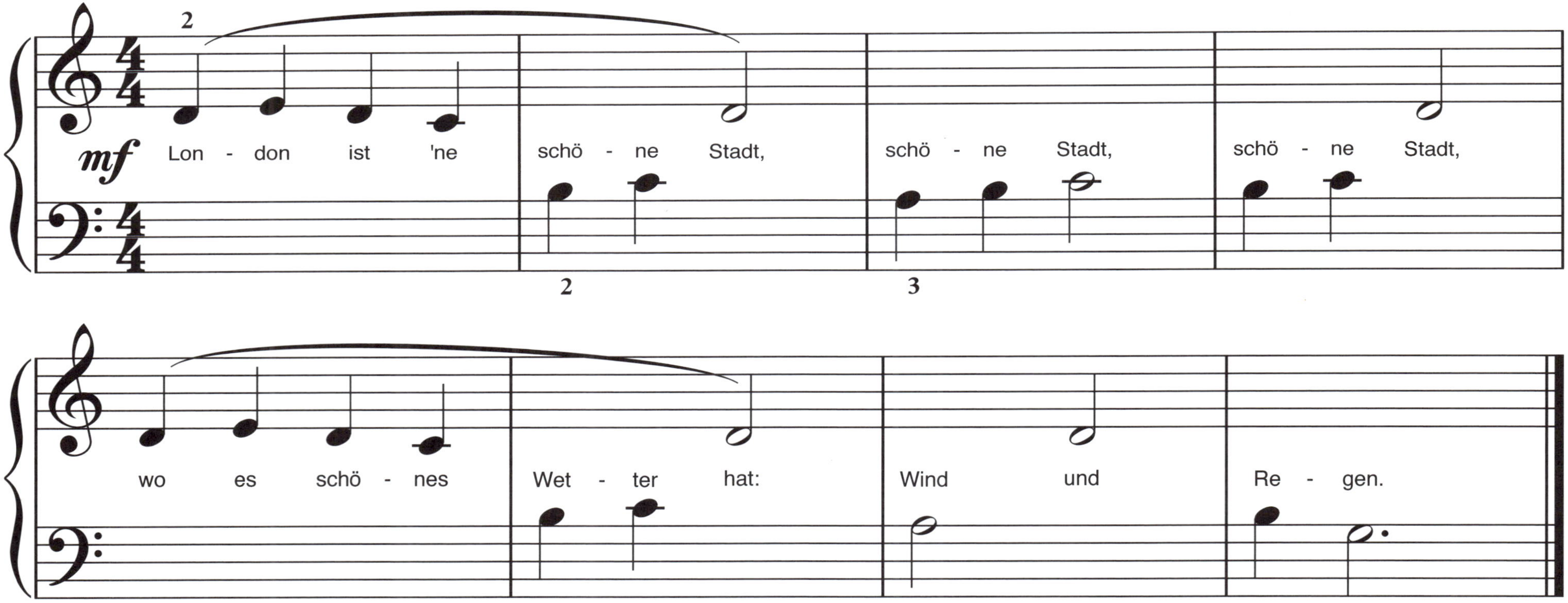

LEHRERBEGLEITUNG: Schüler spielt *1 Oktave* höher.

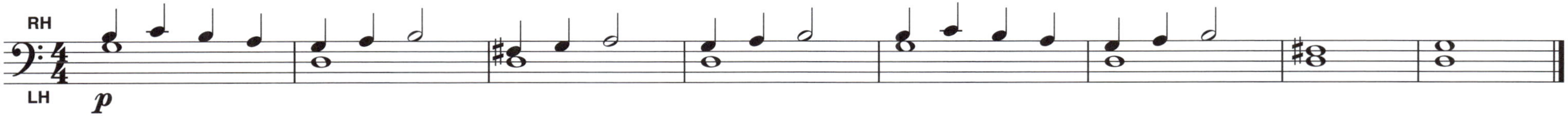

Der Scheich Abufeist

Melodie und Text: Michaela Paller

CD 39

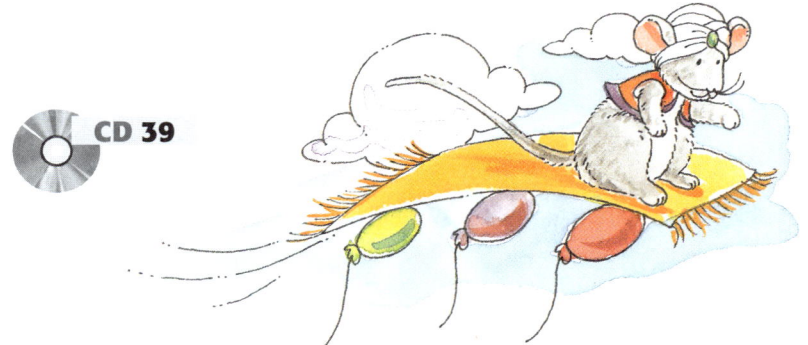

Spiele auch: **SPIELBUCH** Spielstück **17**

Der Haltebogen

Der Haltebogen verbindet zwei Noten mit der gleichen Tonhöhe. Die Taste wird dabei nur einmal angeschlagen und so lange gehalten, wie beide Noten zusammen an Wert haben.

ZÄHLE: „1 – 2 – 3,   1 – 2 – 3"

Nicht zu schnell

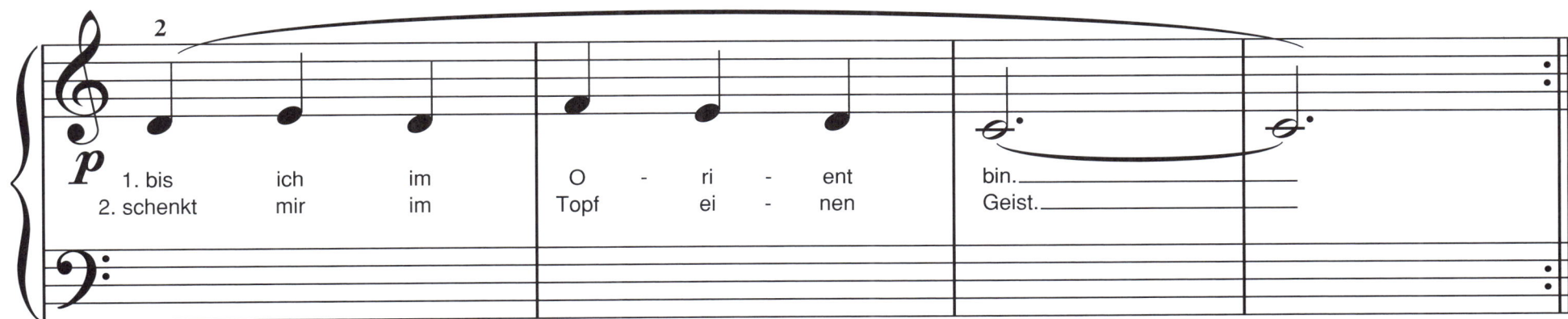

1. Mit ei - nem Tep - pich, da schweb ich da - hin, bis ich im O - ri - ent bin.
2. Dort im Ba - zar kommt der Scheich A - bu - feist, schenkt mir im Topf ei - nen Geist.

Kleines Quiz

1. Haltebogen

Wie viele Schläge werden die Noten ausgehalten? Schreibe die Anzahl der Schläge auf die Linien.

Ein HALTEBOGEN verbindet Noten mit **GLEICHER** Tonhöhe!
Der Ton wird nur EINMAL angeschlagen!

Ein LEGATOBOGEN verbindet Noten mit **UNTERSCHIEDLICHER** Tonhöhe!
Die Töne werden gebunden, also LEGATO gespielt.

2. Haltebogen und Legatobogen

Schreibe in jedes Kästchen ein H für einen Haltebogen, ein L für einen Legatobogen.

Spaß im Schnee

Walzer

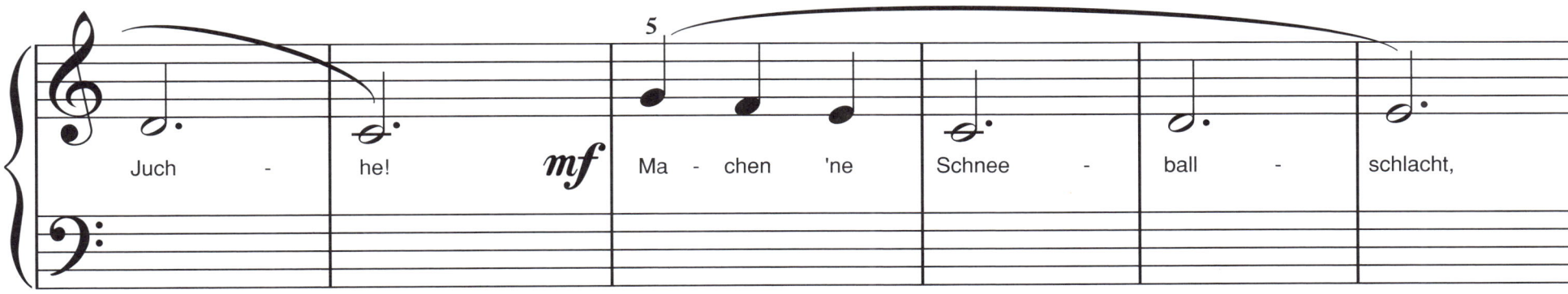
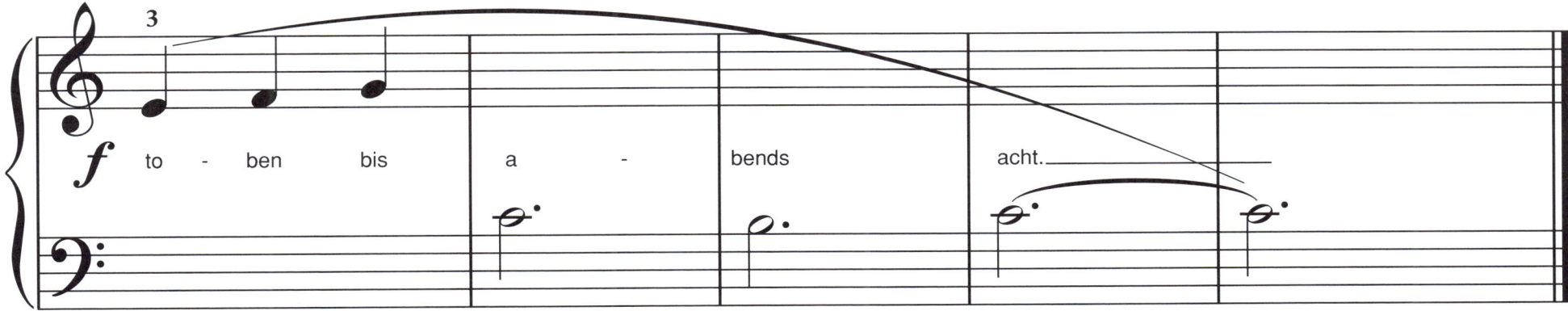

Intervalle

Den Abstand von einem Ton zum nächsten nennt man INTERVALL.
Es gibt verschiedene Intervalle:

Die Sekunde
Ist der Abstand ein Tonschritt, heißt das Intervall **SEKUNDE**. Kürzer schreibt man: **2**

SEKUND (2)

Die Terz
Lässt du EINE Taste aus und springst zur übernächsten, heißt das Intervall **TERZ**. Kürzer schreibt man: **3**

TERZ (3)

Spiele jeden Takt mehrmals und höre genau, wie die Intervalle klingen. Schau dir die Noten gut an: In welcher Lage spielst du?

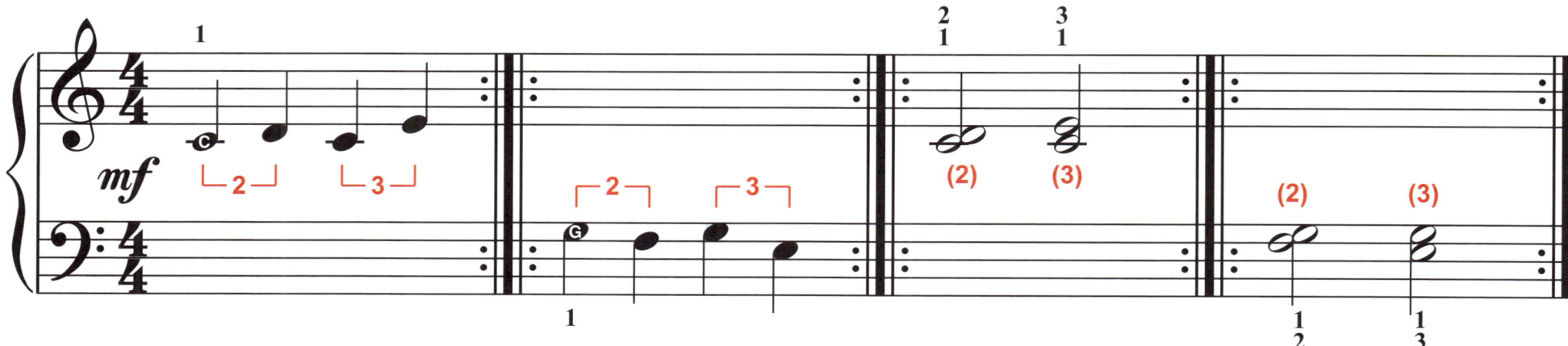

Werden die beiden Töne eines Intervalls NACHEINANDER gespielt, spricht man von **MELODISCHEN INTERVALLEN**.
In welchen Takten hast du MELODISCHE INTERVALLE gespielt?

Takte _____

Werden die beiden Töne eines Intervalls GLEICHZEITIG gespielt, spricht man von **HARMONISCHEN INTERVALLEN**.
In welchen Takten hast du HARMONISCHE INTERVALLE gespielt?

Takte _____

Mexikanischer Hut-Tanz

Melodie: Traditional (Mexican Hat Dance)
Deutscher Text: Tom Pold

CD 41   Überlege dir gut, in welcher Lage du spielst. Wie heißen die Töne?

Wie viele Terzen findest du in diesem Stück? Sind sie melodisch oder harmonisch?

LEHRERBEGLEITUNG: Schüler spielt *1 Oktave* höher.

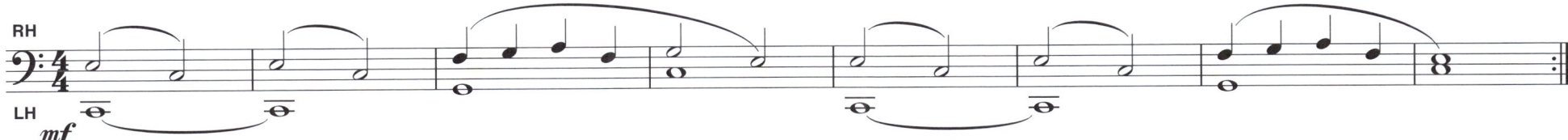

Die Pause

In der Musik nennt man das Zeichen für Stille **PAUSE**. Es wird kein Ton gespielt.

Viertelpause

Das ist die VIERTELPAUSE. Sie ist das Zeichen für Stille und ist genau so lang wie eine VIERTELNOTE.

Klatsche jede Note EINMAL und zähle laut mit. Bei den PAUSEN klatschst und zählst du nicht laut, sondern bewegst deine Hände etwas nach außen und flüsterst.

Meine Töne

1. Mit dem Klavier spiel ich gerne leise,
2. Schicke die Töne auf eine Reise,

1. mit einer Trommel, spiele ich laut.
2. spiele ich laut, krieg ich Gänsehaut.

AUFGABEN

1. Probiere verschiedene Lagen für das Stück „Meine Töne" aus.
In welcher Lage gefällt es dir am besten?

_____

2. Schreibe in die Kästchen ☐ zum Liedtext passende dynamische Zeichen.

3. Wie viele HARMONISCHE SEKUNDEN und wie viele HARMONISCHE TERZEN findest du im Stück?

_____ HARMONISCHE SEKUNDEN

_____ HARMONISCHE TERZEN

4. Wie viele Viertelpausen findest du im Stück? _____

5. Fahre die VIERTELPAUSEN mit einem Bleistift nach. Daneben kannst du selbst VIERTELPAUSEN malen.

LEHRERBEGLEITUNG: Schüler spielt *1 Oktave* höher.

Rock Song

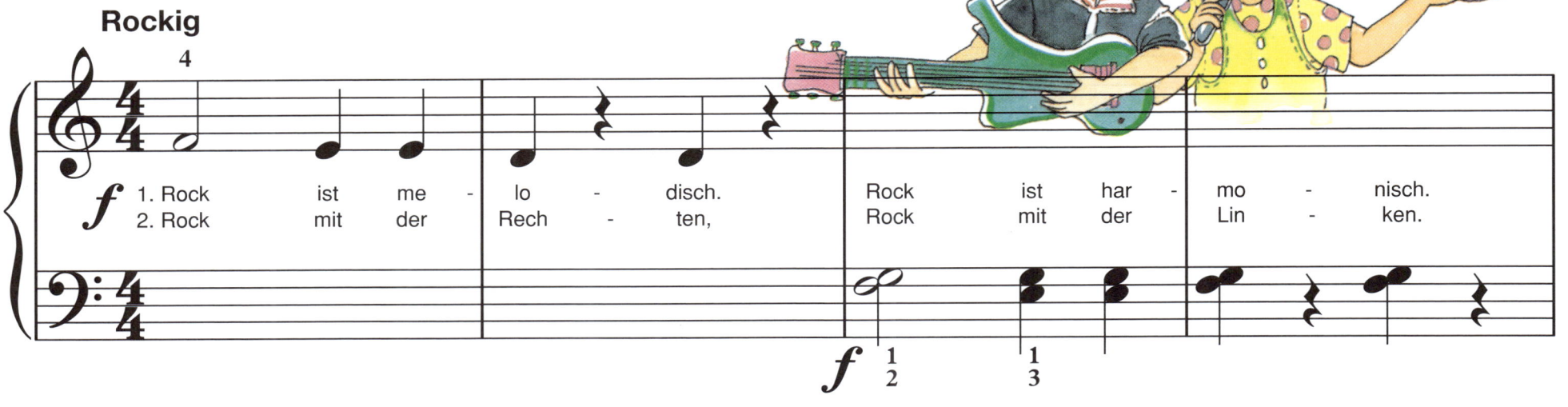
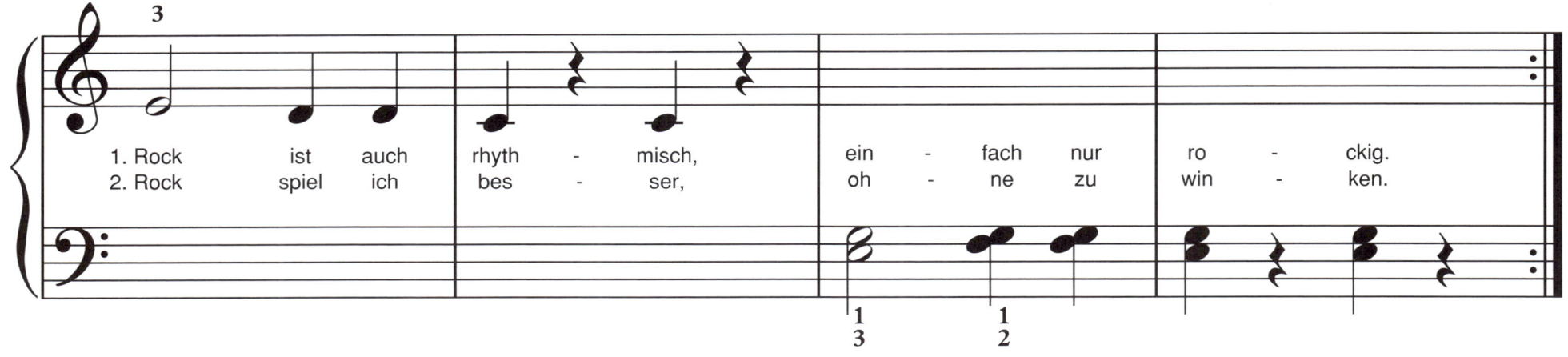

LEHRERBEGLEITUNG: Schüler spielt *1 Oktave* höher.

Das große Abschluss-Quiz

1. ♩ Das ist eine _____. Sie bekommt _____ Schlag.
   ♪ (half) Das ist eine _____. Sie bekommt _____ Schläge.
   ♩. Das ist eine _____. Sie bekommt _____ Schläge.
   𝅝 Das ist eine _____. Sie bekommt _____ Schläge.

2. Wie viele Schläge hat ein 4/4-Takt? _____ . Welcher Notenwert erhält einen Schlag? _____

3. Wie viele Schläge hat ein 3/4-Takt? _____ . Welcher Notenwert erhält einen Schlag? _____

4. 𝄞 Das ist ein _____-schlüssel. Du findest darin den Buchstaben ☐ .

   𝄢 Das ist ein _____-schlüssel. Du findest darin den Buchstaben ☐ .

5. Wie heißt dieser Bogen? _____ . Spiele die Noten.

   Wie heißt dieser Bogen? _____ . Spiele die Noten.

6. Was bedeuten diese dynamischen Zeichen? *p* _____ *f* _____ *mf* _____

7. Was bedeutet dieses Zeichen? 𝄇 _____

8. Pausen sind in der Musik Zeichen für _____ .

   𝄽 ist eine _____ .

Mein Abschlusskonzert  CD 44

Heute hau'n wir in die Tasten

Melodie: Traditional (If You're Happy and You Know It)
Deutscher Text: Tom Pold

Jetzt hast du es fast geschafft! Dieses Lied ist dein Abschlusskonzert, das du vor deinen Eltern und deinen Freunden geben kannst. Es wird in der DAUMENLAGE C gespielt. Markiere dir in den Noten die VIERTELPAUSEN und die HARMONISCHEN TERZEN.

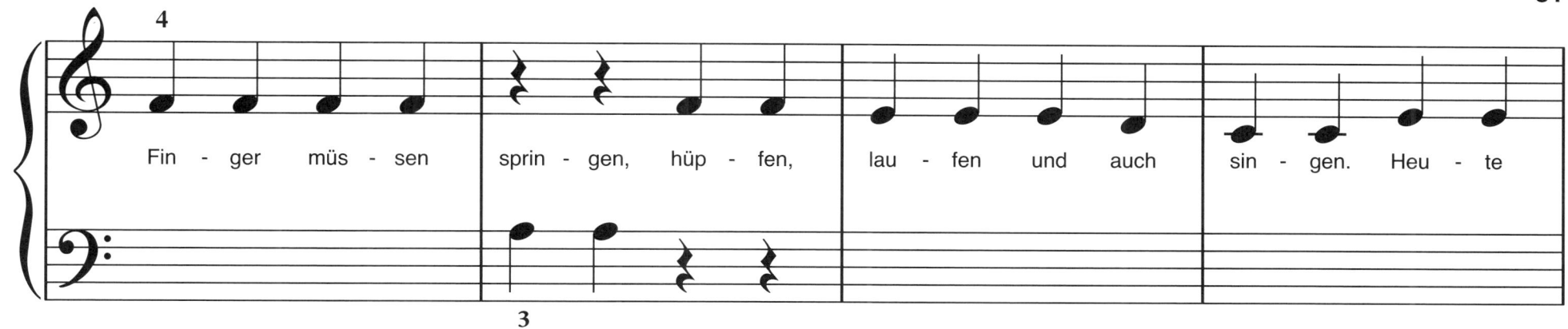

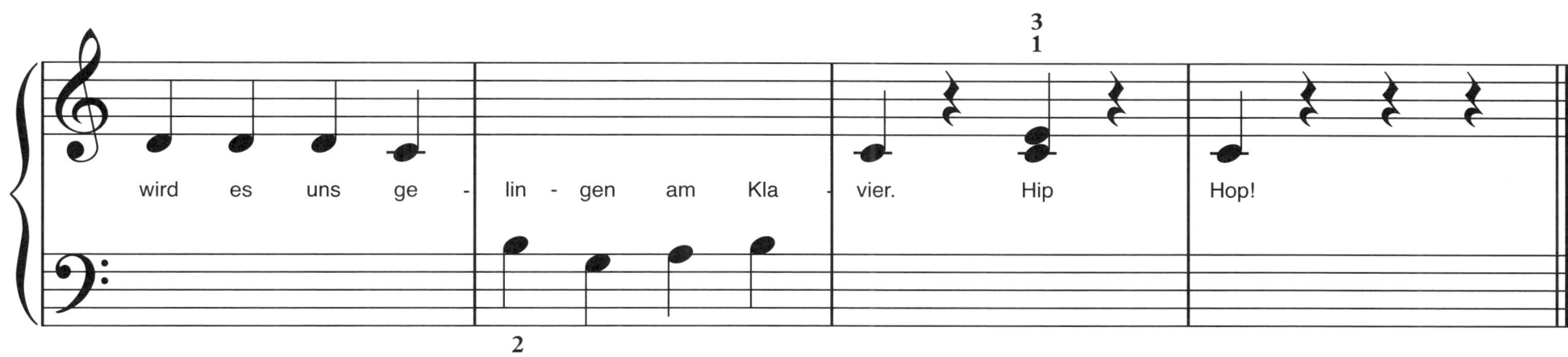

LEHRERBEGLEITUNG: Schüler spielt *1 Oktave* höher.

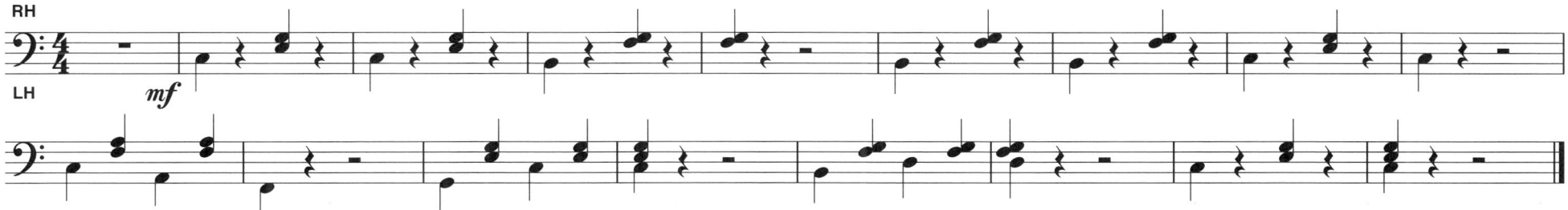

CD-Übersicht

CD	TITEL	SEITE	LEHRERSTIMME
1	Rechts und links – ♩	10	
2	Links und rechts – ♩	11	
3	Inline skaten – 𝅝	12	X
4	Glockenläuten – *f* | *p* | :||	17	X
5	Das Echo	19	X
6	Meine Tastenfinger	20	X
7	Heiß und kross	22	
8	Backe, backe Kuchen	23	
9	*Mein erstes Konzertstück:* Old MacDonald	24	X
10	C – D – E für die rechte Hand	27	
11	C – H – A für die linke Hand	29	
12	Mein Dino	30	
13	Fing mir eine Mücke heut	31	
14	Mit der rechten Hand	33	
15	Mit der linken Hand	34	
16	Ist ein Stein in Brunn' gefallen	35	
17	Unser Hund – 4/4-Takt	37	X
18	Im Zoo *mf*	38	
19	Yankee Doodle	39	
20	*Mein zweites Konzertstück:* Auf der Mauer, auf der Lauer	40	X
21	Hoppe, hoppe Reiter	42	
22	Ich kann das schon	43	
23	Auf hoher See – 3/4-Takt | ♩.	45	X
24	Mein Teddybär	46	X
25	Starke Kinder	47	X
26	Regenlied – 𝄢	51	X
27	A, a, a, der Winter, der ist da	52	
28	Kuckuck, Kuckuck ruft's aus dem Wald	53	
29	Einmal rechts und einmal links – 𝄞	55	X
30	Mein Freund	56	
31	Der Mann im Mond	57	X
32	C, D, E ,F, G	60	
33	Spiegelbild	62	X
34	Ode „An die Freude"	64	X
35	Meine Wippe	66	X
36	Mit dem Fahrrad	67	
37	Heut ist ein Fest bei den Fröschen am See	69	
38	London ist 'ne schöne Stadt	70	X
39	Der Scheich Abufeist	71	
40	Spaß im Schnee	73	
41	Mexikanischer Hut-Tanz	75	X
42	Meine Töne – 𝄽	76	X
43	Rock Song	78	X
44	*Abschlusskonzert:* Heute hau'n wir in die Tasten	80	X

URKUNDE

für

_____

Herzlichen Glückwunsch!
Du hast Band 1 von
Alfreds
KLAVIERSCHULE FÜR KINDER
mit Erfolg durchgearbeitet.
Du bist jetzt bereit für Band 2!

Lehrer _____

Elternteil _____

Datum _____

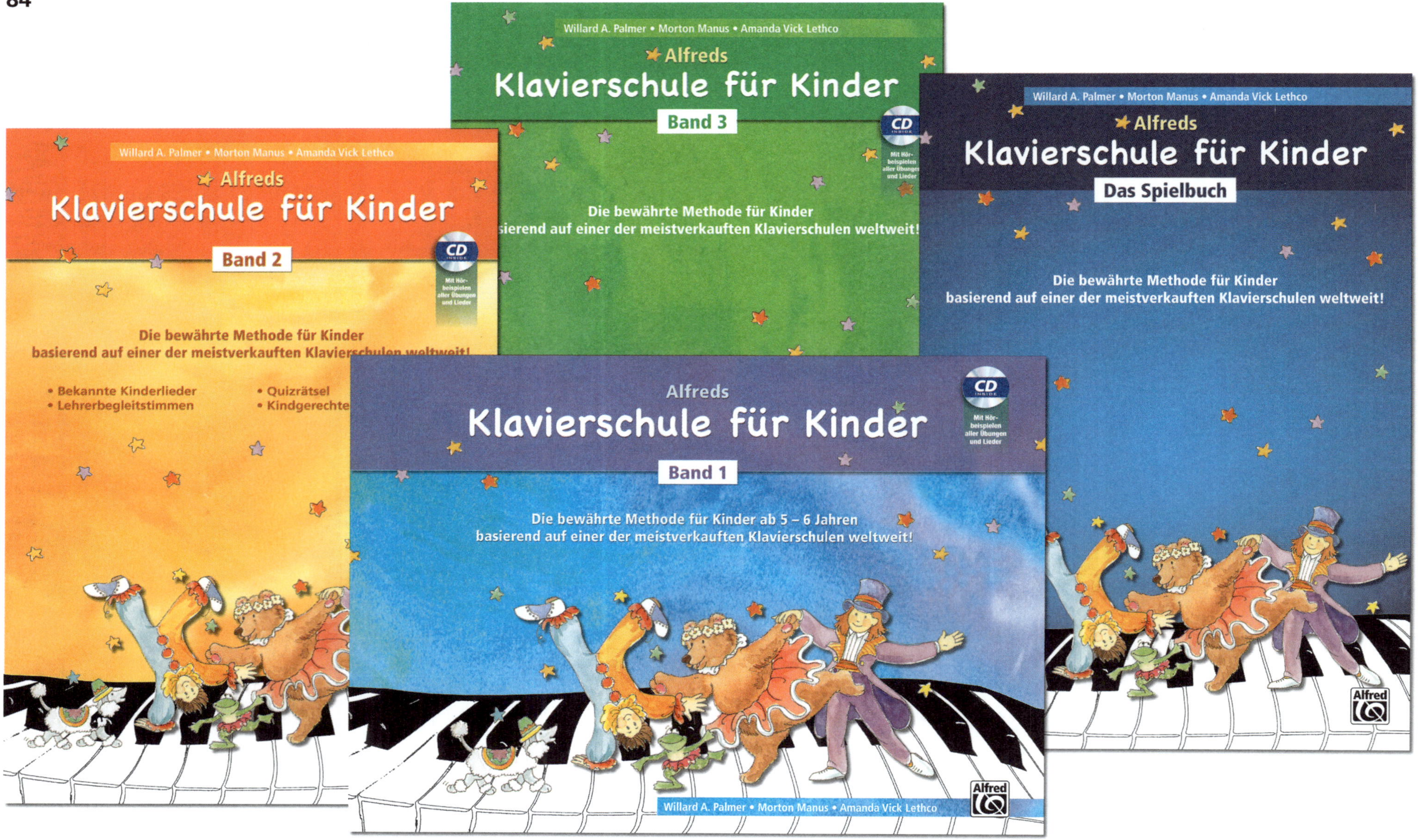

Alfreds
Klavierschule für Kinder
Band 1: ISBN 978-3-943638-30-1
Band 2: ISBN 978-3-943638-31-8
Band 3: ISBN 978-3-943638-32-5
Spielbuch: ISBN 978-3-943638-36-3

klavier-fuer-kinder.de

alfredmusic.de